Liebe Leserin, lieber Leser!

In diesem Kochbuch haben wir ganz besondere Rezepte für Sie zusammengestellt. Sie erinnern uns an die Küche unserer Kindheit, an geselliges Beisammensein mit der Familie und Freunden, an raffinierte Festtags- und unkomplizierte Alltagsküche. Wenn der Duft von frisch gebackenem Haferflockenbrot durchs Haus zieht, der Bohneneintopf auf dem Herd köchelt und die Lasagne im Ofen goldgelbe Farbe annimmt, freuen wir uns auf den Genuss. Apfelkrapfen, Birnentarte und Pfefferkuchen bescheren uns süße Gaumenfreuden. Und an kalten Tagen wärmen uns Glühwein und heiße Schokolade und sorgen für Wohlbefinden.

Viel Freude und gutes Gelingen!

Ihre Landlust-Redaktion

Inhalt

Suppen und Eintöpfe

Chili con Carne

FÜR 4–6 PERSONEN

2 Zwiebeln
2 Knoblauchzehen
2 rote Paprika
1–2 Chilischoten
1 kleine Dose Kidneybohnen
1 kleine Dose Mais
400 g Rindergehacktes
Salz, Pfeffer
2 EL Tomatenmark
1 kleine Dose gehackte Tomaten
500 ml Rinderbrühe
Zucker
1 Messerspitze Kreuzkümmel

AUSSERDEM
2 EL Öl zum Anbraten

Zwiebeln und Knoblauch schälen und fein würfeln. Paprika und Chilischoten waschen, putzen, entkernen und würfeln. Bohnen und Mais abtropfen lassen. Das Hackfleisch in einem Topf im heißen Öl anbraten. Salzen und pfeffern. Zwiebeln und Knoblauch dazugeben und mitbraten. Das Tomatenmark zugeben und anschwitzen. Mit Tomaten und Brühe auffüllen und aufkochen. Paprika- und Chiliwürfel, Bohnen und Mais zufügen. Mit Salz, Pfeffer, etwas Zucker und Kreuzkümmel würzen. 30 Minuten köcheln lassen. Noch mal abschmecken.

TIPP: Dazu passen Tortilla-Chips oder ein Klecks Sauerrahm.

Italienische Nudelsuppe

FÜR 4 PERSONEN

1 Möhre
1 Stange Staudensellerie
150 g grüne Bohnen
2 Zwiebeln
1 Knoblauchzehe
4 Zweige Thymian
1 EL Tomatenmark
2 kleine Dosen stückige Tomaten
700 ml Gemüsebrühe
100 g Suppennudeln
Salz, Pfeffer

AUSSERDEM

1–2 EL Olivenöl zum Andünsten
3–4 EL geriebener Parmesan zum Bestreuen

Möhre, Sellerie und Bohnen waschen, putzen bzw. schälen und in Stücke schneiden. Zwiebeln und Knoblauch schälen und fein würfeln. Zwiebelwürfel in einem großen Topf im Öl glasig dünsten. Gemüse und Knoblauch dazugeben und kurz mitdünsten. Thymianzweige abbrausen und mit dem Tomatenmark und den Tomaten zugeben. Mit der Brühe auffüllen und aufkochen. Nudeln zugeben. Die Suppe etwa 15 Minuten kochen. Thymianzweige entfernen. Mit Salz und frisch gemahlenem Pfeffer abschmecken. Die Suppe anrichten und mit Parmesan bestreut servieren.

TIPP: Dazu schmeckt geröstetes Bauernbrot.

Scharfes Gulasch mit Linsen

FÜR 4 PERSONEN

150 g Tellerlinsen
750 g Rindergulasch
2 rote Zwiebeln
1 Knoblauchzehe
2 rote Chilischoten
150 g durchwachsener Speck
2–3 EL Öl
Salz, Pfeffer
2 EL Tomatenmark
100 ml Rotwein
500 ml Rindfleischbrühe
edelsüßes Paprikapulver
4 Stiele Petersilie

Die Linsen über Nacht in Wasser einweichen. Zwiebeln und Knoblauch schälen und fein würfeln. Chili putzen, halbieren und entkernen, fein schneiden. Den Speck ebenso fein würfeln. Das Öl in einem Bräter erhitzen und das Fleisch portionsweise darin von allen Seiten scharf anbraten. Salzen, pfeffern und aus dem Bräter nehmen. Speck im Bratfett goldbraun braten. Zwiebeln, Knoblauch und Chili zufügen und andünsten. Tomatenmark zufügen und mit Rotwein und Brühe ablöschen. Mit Paprikapulver würzen und zugedeckt 45 Minuten schmoren. Petersilie waschen, trocken schütteln, von den Stielen zupfen und grob hacken. Die Linsen gut abtropfen lassen und nach 45 Minuten zum Gulasch geben. Weitere 45 bis 50 Minuten schmoren lassen. Gulasch nochmals abschmecken und mit gehackter Petersilie bestreut servieren.

Steckrüben-Eintopf

FÜR 4 PERSONEN

1 kg Steckrübe
2 Möhren
1 Schalotte
100 g Frühstücksspeck
1 EL Butter
1 TL Majoran
Salz, Pfeffer
1 l Gemüsebrühe
4 Mettenden
½ Bund glatte Petersilie

Die Steckrübe und die Möhren schälen und würfeln. Die Schalotte schälen und fein würfeln. Den Speck fein würfeln. In der Butter in einem Topf anbraten. Schalotte zufügen und glasig dünsten. Nun Steckrübe und Möhren zugeben und einige Minuten andünsten. Mit Majoran, Salz und Pfeffer würzen. Brühe angießen und zugedeckt etwa 20 Minuten garen. Die Mettenden zufügen und weitere 10 bis 15 Minuten garen. Anschließend herausnehmen, in Scheiben schneiden und zurück in den Topf geben. Petersilie waschen, trocken schütteln, Blätter von den Stielen zupfen und hacken. Den Eintopf mit Petersilie bestreut servieren.

Bohneneintopf mit Lamm

FÜR 4 PERSONEN

600 g Lammfleisch (Rücken oder Hüfte)
500 g grüne Bohnen
400 g Kartoffeln
2 Zwiebeln
3 Knoblauchzehen
1 rote Paprika
Salz, Pfeffer
500 ml Gemüsebrühe
½ Bund glatte Petersilie
½ Bund Bohnenkraut

AUSSERDEM

Öl zum Anbraten

Das Fleisch in Würfel schneiden. Die Bohnen waschen, putzen und in Stücke schneiden. Die Kartoffeln schälen, waschen und in Spalten schneiden. Die Zwiebeln schälen und in Streifen schneiden. Knoblauch schälen und fein würfeln. Die Paprika waschen, vierteln, entkernen und würfeln. Öl in einem Topf erhitzen und das Fleisch darin von allen Seiten anbraten. Mit Salz und Pfeffer würzen. Zwiebeln und Knoblauch zufügen und mit dem Lammfleisch leicht bräunen lassen.
Die Kartoffeln, Bohnen und Paprika zufügen und mit Brühe ablöschen. Im geschlossenen Topf etwa 35 bis 40 Minuten garen. Petersilie und Bohnenkraut waschen, trocken schütteln, Blätter abzupfen und fein hacken. Zum Schluss unter den Eintopf rühren. Mit Salz und Pfeffer abschmecken und servieren.

Winter-Consommé mit Pilz-Grießklößchen

FÜR 4 PERSONEN

SUPPE

3 Möhren
1 Petersilienwurzel
¼ Knollensellerie
1 kleine Stange Lauch
½ Bund glatte Petersilie
2 Tomaten
2 Zwiebeln
100 ml Weißwein
1 Sternanis
2 Lorbeerblätter
1 TL weiße Pfefferkörner
1–2 TL Salz
½ Bund Schnittlauch
3 EL weißer Portwein

KLÖSSCHEN

10 g getrocknete Steinpilze
1 Knoblauchzehe
250 ml Milch
1 TL Salz
100 g Grieß

Für die Suppe das Suppengemüse putzen, schälen, waschen und grob würfeln. Petersilie waschen und trocken schütteln. Tomaten waschen und vierteln. Zwiebeln halbieren und in einem großen Topf mit der Schnittfläche nach unten ohne Fett dunkel anrösten. Mit 1,5 l Wasser ablöschen. Wein, Gemüse, Petersilie, Gewürze und Salz zufügen. Einmal aufkochen lassen und 40 Minuten bei geringer Hitze köcheln lassen.

Für die Klößchen die Steinpilze im Blitzhacker oder im Mörser fein mahlen. Knoblauch schälen und fein würfeln. Milch mit Pilzen, Knoblauch und dem Salz aufkochen. Grieß einrühren und etwa 10 Minuten bei geringer Hitze unter ständigem Rühren quellen lassen. Etwas auskühlen lassen und mit feuchten Händen etwa 16 Klößchen formen. In siedendem Salzwasser etwa 5 Minuten garen, bis sie an die Oberfläche gestiegen sind. Mit einer Schaumkelle herausheben und warm stellen.
Den Schnittlauch waschen, trocken schütteln und in Röllchen schneiden. Die Brühe durch ein feines Sieb in einen Topf gießen. Mit Portwein und Salz abschmecken. Die Suppe in Suppenschalen füllen, Grießklößchen einlegen und mit Schnittlauch bestreut servieren.

Grünkohl-Käse-Suppe

FÜR 4 PERSONEN

400 g geputzter Grünkohl
2 Zwiebeln
2 Knoblauchzehen
3 geräucherte Mettenden
1 l Fleischbrühe
Salz, Pfeffer
100 g Schmelzkäse
1–2 TL Senf

AUSSERDEM
Öl zum Braten

Den Grünkohl waschen und in kochendem Wasser 3 Minuten blanchieren. In ein Sieb abgießen, gut abtropfen lassen und grob hacken. Zwiebeln und Knoblauch schälen und fein würfeln. Die Mettenden in Würfel schneiden. Öl in einem Topf erhitzen und die Mettendenwürfel darin anbraten. Zwiebeln und Knoblauch zufügen und glasig dünsten. Den Grünkohl zugeben und einige Minuten schmoren. Mit der Brühe aufgießen. Mit Salz und Pfeffer würzen und im geschlossenen Topf 45 Minuten garen. Nach 30 Minuten den Schmelzkäse unterrühren. Mit Senf, Salz und Pfeffer abschmecken.

Rosenkohl-Lauch-Suppe

FÜR 4 PERSONEN

500 g Rosenkohl
1–2 Stangen Lauch
3 mittelgroße Kartoffeln
1 Schalotte
1 Knoblauchzehe
1 EL Butter
1 l Gemüsebrühe
Salz, Pfeffer
Muskatnuss
½ Bund Schnittlauch
100 g Crème fraîche

Den Rosenkohl putzen und den Strunk kreuzweise einschneiden. Den Lauch putzen, waschen und in Ringe schneiden. Die Kartoffeln schälen, waschen und würfeln. Schalotte und Knoblauch schälen und fein würfeln. Die Butter in einem Topf erhitzen, Schalotte und Knoblauch darin anschwitzen. Lauch, Kartoffeln und Rosenkohl dazugeben. Mit der Brühe auffüllen und 20 Minuten köcheln lassen. Mit Salz, Pfeffer und frisch geriebener Muskatnuss würzen. Den Schnittlauch waschen, trocken schütteln und in feine Röllchen schneiden. Die Suppe mit einem Klecks Crème fraîche und mit Schnittlauch bestreut servieren.

Brot und Brötchen

Fluffige Laugenecken

FÜR 8 LAUGENECKEN

500 g Weizenmehl (Type 550)
½ Würfel frische Hefe
1 TL Zucker
2 gestrichene TL Salz
30 g weiche Butter

AUSSERDEM
Mehl zum Bearbeiten
etwa 50 g weiche Butter zum Bestreichen

ZUM BELAUGEN
50 g Natron

ZUM BESTREUEN
Körner-und-Saaten-Mischung

Hefe und Zucker in 320 ml lauwarmem Wasser auflösen. Das Mehl mit dem Salz, der Butter und dem Hefewasser mit den Knethaken des Handrührers zu einem geschmeidigen Teig verarbeiten. Mindestens 5 Minuten gut durchkneten. Den Teig mit etwas Mehl zu einer Kugel formen, in eine Schüssel geben und mit einem Tuch abdecken. Über Nacht im Kühlschrank oder 2 Stunden an einem warmen Ort gehen lassen. Den Teig in 6 Portionen teilen und zu Kugeln formen. Diese auf einer bemehlten Arbeitsfläche nacheinander kreisrund (ø ca. 24 cm) ausrollen. Die Scheiben dünn mit Butter bestreichen und aufeinanderlegen (1). Die oberste Lage nicht mehr mit Butter bestreichen (2). Die gestapelten Teigplatten für 15 Minuten in den Kühlschrank geben. 1½ Liter Wasser in einem großen Topf zum Kochen bringen. Natron hinzugeben. Den Teig wie eine Torte in 8 Stücke schneiden (3). Nacheinander je eine Teigecke (4) auf die Schaumkelle legen und für etwa 45 Sekunden in die köchelnde Natronlauge halten. Herausnehmen, kurz abtropfen lassen und auf ein mit Backpapier ausgelegtes Backblech legen. Mit einer Körner-und-Saaten-Mischung bestreuen (5). 30 Minuten an einem warmen Ort ruhen lassen. Den Backofen auf 240 Grad vorheizen. Die Laugenecken für 15 Minuten backen, bis sie schön braun sind.

Wurzelbrot mit Röstzwiebeln

FÜR 2 BROTE

100 g Roggenvollkornmehl
300 g Weizenmehl (Type 405)
1 TL Salz
½ Würfel Hefe
3–4 EL Röstzwiebeln

AUSSERDEM
Mehl zum Bearbeiten

Mehl und Salz in einer Schüssel mischen. Die Hefe zerbröckeln und in 250 ml lauwarmem Wasser auflösen. Mit den Knethaken des Handrührgeräts 5 Minuten zu einem glatten Teig kneten. Zur Kugel formen und mit wenig Mehl bestäuben. Abgedeckt etwa 1½ Stunden an einem warmen Ort gehen lassen, bis sich das Teigvolumen verdoppelt hat. Die Röstzwiebeln unter den Teig kneten. Den Teig halbieren und zu etwa 25 cm langen Rollen formen. Die Ende gegeneinander verdrehen. Auf ein mit Backpapier belegtes Backblech legen, abdecken und nochmals 30 Minuten an einem warmen Ort gehen lassen. Den Backofen auf 230 Grad (Umluft) vorheizen. Die Teiglinge mit wenig Mehl bestäuben und etwa 20 Minuten knusprig und braun backen.

TIPPS: Das Brot kann man auch ohne Röstzwiebeln backen oder diese durch 4 EL leicht angebratene Speckwürfel oder geröstete Kürbiskerne ersetzen.

Hefeteige kann man schon am Vorabend zubereiten und abgedeckt über Nacht im Kühlschrank gehen lassen. Am nächsten Morgen wie im Rezept beschrieben fortfahren.

Fladenbrot mit Sesam und Schwarzkümmel

FÜR 2 BROTE

500 g Weizenmehl (Type 550)
1 TL Salz
½ Würfel Hefe
1 TL Zucker
2 EL Olivenöl
1 Eigelb
1 EL Sesam
1 TL Schwarzkümmel

AUSSERDEM
Mehl zum Bearbeiten

Mehl und Salz in einer Schüssel mischen. Die Hefe zerbröckeln und mit dem Zucker in 250 ml lauwarmem Wasser auflösen. Mit dem Öl zum Mehl geben und mit den Knethaken des Handrührgeräts mindestens 5 Minuten zu einem glatten Teig kneten. Zur Kugel formen, mit etwas Mehl bestäuben und abgedeckt etwa 1 Stunde an einem warmen Ort gehen lassen, bis sich das Teigvolumen verdoppelt hat. Den Teig halbieren. 2 ovale Fladen formen. Nebeneinander auf ein mit Backpapier belegtes Backblech legen. Abgedeckt 20 Minuten ruhen lassen. Den Backofen auf 200 Grad (Umluft) vorheizen. Das Eigelb mit 1 EL Wasser verrühren und die Fladen damit einpinseln. Mit einem scharfen Messer die Oberfläche rautenförmig einritzen. Mit Sesam und Schwarzkümmel bestreuen. Im vorgeheizten Backofen etwa 15 Minuten goldbraun backen.

Zwiebel-brötchen

FÜR ETWA 15 BRÖTCHEN

500 g Zwiebeln oder Schalotten
200 g durchwachsener Speck
2–3 EL Öl
1 Würfel frische Hefe
250 g Weizenmehl (Type 550)
250 g Weizenvollkornmehl
½ TL Salz

AUSSERDEM
Butter für das Backblech

Zwiebeln schälen und in dünne Scheiben schneiden. Den Speck fein würfeln. Das Öl erhitzen und die Speckwürfel darin auslassen. Zwiebeln zufügen und goldbraun braten. Auskühlen lassen.
Die Hefe mit 150 ml lauwarmem Wasser verrühren. Mehl mit dem Salz in eine Schüssel geben. Eine Mulde formen und das Hefewasser hineingießen, mit etwas Mehl verrühren und zugedeckt etwa 15 Minuten ruhen lassen. Etwa 150 ml lauwarmes Wasser zufügen und alles zu einem glatten Teig verkneten. Zugedeckt etwa 45 Minuten an einem warmen Ort gehen lassen. Das Speck-Zwiebel-Gemisch unterkneten und nochmals 20 Minuten gehen lassen. Inzwischen den Backofen auf 200 Grad (Ober-/Unterhitze) vorheizen. Ein Backblech einfetten. Aus dem Teig Brötchen formen und auf das Backblech setzen. Im vorgeheizten Backofen etwa 30 Minuten backen.

Kürbiskern-brötchen

FÜR 6 STÜCK

350 g Dinkelmehl (Type 630)
1 EL Trockensauerteig
1 TL Salz
10 g frische Hefe
40 g Kürbiskerne

AUSSERDEM
Mehl zum Bearbeiten
4 EL Kürbiskerne

Mehl mit Trockensauerteig und Salz mischen. Hefe in 250 ml lauwarmem Wasser auflösen. Zum Mehl geben und zu einem glatten Teig verkneten. Kürbiskerne unterkneten. Den Teig zur Kugel formen, mit etwas Mehl bestäuben und in einer abgedeckten Schüssel über Nacht im Kühlschrank gehen lassen.
Den Backofen auf 250 Grad (Ober-/Unterhitze) vorheizen. Auf einer bemehlten Arbeitsfläche den Teig in 6 gleich große Portionen teilen. Diese zu Kugeln formen und auf ein mit Backpapier belegtes Backblech setzen. Die Oberfläche der Teiglinge etwas anfeuchten und mit Kürbiskernen bestreuen. Im vorgeheizten Backofen auf der 2. Schiene von unten etwa 15 bis 20 Minuten backen.

Haferflocken-Quark-Brot

FÜR 1 BROT

150 g kernige Haferflocken
400 g Dinkelmehl
½ Würfel Hefe
1 TL Zucker
2 TL Salz
250 g Quark (20 %)
1 EL Öl
50 g Sonnenblumenkerne

AUSSERDEM
Mehl für die Arbeitsfläche

Das Mehl mit den Haferflocken mischen. Die Hefe mit dem Zucker in 300 ml lauwarmem Wasser auflösen. Das Hefewasser zum Mehl geben, Salz zufügen und mit dem Knethaken zu einem geschmeidigen Teig verarbeiten. Quark, Öl und Sonnenblumenkerne unterarbeiten. Den Teig zugedeckt an einem warmen Ort 60 Minuten ruhen lassen. Anschließend auf einer bemehlten Arbeitsfläche erneut gut durchkneten und ein rundes Brot formen. Auf ein mit Backpapier belegtes Backblech legen und rautenförmig einschneiden. Noch mal bei Zimmertemperatur zugedeckt 10 Minuten ruhen lassen. Inzwischen den Backofen auf 180 Grad (Ober-/Unterhitze) vorheizen. Das Brot im vorgeheizten Backofen etwa 50 bis 60 Minuten knusprig backen.

Aus Topf und Pfanne

Cevapcici auf Paprikagemüse

FÜR 4 PERSONEN

RÖLLCHEN
600 g Hackfleisch
(Rind oder Lamm)
1 Zwiebel
4 Knoblauchzehen
Salz
2 Stiele glatte Petersilie
Pfeffer
Rosenpaprika
2 EL Butterschmalz

PAPRIKAGEMÜSE
je 1 rote und gelbe Paprika
1 Bund Lauchzwiebeln
je 1 Zweig Rosmarin
und Thymian
1 Gemüsezwiebel
1 Knoblauchzehe
2 EL Olivenöl
1 EL Tomatenmark
Salz, Pfeffer
Zucker

Für die Röllchen Zwiebel und Knoblauch schälen und sehr fein würfeln. Knoblauch und etwas Salz mit einer Gabel zerreiben. Die Petersilie waschen, trocken schütteln, die Blättchen abzupfen und fein hacken. In einer Schüssel das Hackfleisch mit allen Zutaten gut vermengen und kräftig mit Salz, Pfeffer und Rosenpaprika würzen. Aus der Masse mit angefeuchteten Händen 14 bis 16 Röllchen formen. Kalt stellen.

Für das Gemüse die Paprika waschen, halbieren, entkernen und würfeln. Lauchzwiebeln waschen, trocken schütteln und in Ringe schneiden. Die Kräuter waschen, trocken schütteln, die Blättchen abzupfen und fein hacken. Zwiebel und Knoblauch schälen und fein würfeln. Beides in einer Pfanne im Olivenöl anschmoren. Paprika zugeben und etwa 5 Minuten mitschmoren. Tomatenmark anschwitzen. Lauchzwiebeln kurz mitschmoren. Die Kräuter zugeben und mit Salz, Pfeffer und 1 Prise Zucker abschmecken. Noch weitere 5 Minuten schmoren.
Die Röllchen in einer Pfanne im heißen Butterschmalz anbraten, dabei ab und zu an der Pfanne rütteln, sodass sie gleichmäßig bräunen. Die Cevapcici auf dem Gemüse anrichten und servieren.

Rotkohl-
rouladen

FÜR 4 PERSONEN

8 große Blätter Rotkohl
Salz
1 altbackenes Brötchen
1 Zwiebel
500 g gemischtes Hackfleisch
1 Ei
Pfeffer
4 Zweige Thymian
2 EL Cranberrys
oder Rosinen
1 rote Zwiebel
500 ml Fleischbrühe
Speisestärke nach Belieben

AUSSERDEM
Küchengarn zum Fixieren
Öl zum Braten

Die Rotkohlblätter waschen und kurz in kochendem Salzwasser blanchieren, abgießen und gut abtropfen lassen.
Das Brötchen in reichlich Wasser einweichen. Die Zwiebel schälen und fein würfeln. Hackfleisch mit Ei, Zwiebeln, Salz, Pfeffer und dem gut ausgedrückten Brötchen vermengen. Thymian waschen, trocken schütteln und die Blättchen abzupfen. Mit den Cranberrys unter den Teig kneten. Jeweils 2 Rotkohlblätter überlappend aufeinanderlegen, etwas Hackmasse daraufgeben und straff aufrollen. Mit Küchengarn fixieren. Die rote Zwiebel schälen und in Streifen schneiden.
Öl in einer Pfanne erhitzen und die Rouladen darin von allen Seiten anbraten. Zwiebelstreifen zufügen und glasig dünsten, mit Brühe ablöschen und 45 Minuten schmoren lassen. Rouladen herausnehmen und die Soße eventuell mit etwas Speisestärke binden. Mit Salz und Pfeffer abschmecken.

Wurzel-Rösti

FÜR 4 PERSONEN

400 g mehligkochende Kartoffeln
400 g Pastinaken
80 g Pancetta (oder ein anderer Speck)
2 Zwiebeln
Salz, Pfeffer

AUSSERDEM
Butter zum Braten und Backen

Den Speck würfeln. Zwiebeln schälen, in feine Streifen schneiden und in einer Pfanne in 1 EL Butter glasig dünsten, herausnehmen. Speck in die Pfanne geben und bei mittlerer Hitze knusprig auslassen. Kartoffeln und Pastinaken schälen, waschen, grob raspeln und mit Speck und Zwiebeln vermengen. Mit Salz und Pfeffer würzen. Aus dem Teig Rösti formen und in einer Pfanne in Butter bei mittlerer Hitze von beiden Seiten knusprig backen. Schmeckt gut mit Apfelmus.

Würziger Schweinebraten

FÜR 4–6 PERSONEN

ca. 1,3 kg Schweinebraten
Salz, Pfeffer
2 EL Öl
2–3 Zwiebeln
1 Möhre
⅛ Knollensellerie
1 EL Tomatenmark
500 ml Brühe

AUSSERDEM
Mehl zum Binden

Den Backofen auf 180 Grad (Ober-/ Unterhitze) vorheizen. Das Fleisch von allen Seiten gut salzen und pfeffern. Das Öl in einem breiten Topf erhitzen und das Fleisch darin rundherum braun anbraten.
Die Zwiebeln und das Wurzelgemüse schälen, würfeln und zugeben. Das Tomatenmark zufügen und kurz anrösten. Mit der Brühe ablöschen und mit 500 ml Wasser auffüllen. Mit geschlossenem Deckel im vorgeheizten Backofen etwa 2 Stunden garen. Zwischendurch wenden. Braten aus dem Topf nehmen und warm halten. Die Soße durch ein feines Sieb gießen. Etwas Mehl mit etwas kaltem Wasser anrühren und die Soße damit binden. Aufkochen lassen und mit Salz und Pfeffer abschmecken. Den Braten in Scheiben schneiden und mit Soße anrichten. Dazu passen Kartoffelknödel.

Currywurst

8 Bratwürste

CURRYSOSSE (ERGIBT CA. 700 ML)
1 Zwiebel
1 Knoblauchzehe
1 Stück Ingwer (2–3 cm)
1 Chilischote
125 g Tomatenmark
1 kleine Dose gehackte Tomaten (400 g)
100 ml Orangensaft
2–3 EL Honig
3 EL Curry
Salz, Pfeffer

AUSSERDEM
Öl zum Braten
Curry zum Bestreuen

Für die Soße Zwiebel, Knoblauch und Ingwer schälen. Die Chilischote waschen, halbieren und entkernen. Alles fein würfeln. Etwas Öl in einem Topf erhitzen. Die Zwiebeln farblos anschwitzen. Knoblauch, Ingwer, Chilischote und Tomatenmark zugeben und 2 bis 3 Minuten mitbraten. Die restlichen Zutaten unterrühren. Die Soße 5 Minuten köcheln lassen, dann pürieren. Mit Salz und frisch gemahlenem Pfeffer abschmecken.

Die Bratwürste grillen oder etwas Öl in einer Pfanne erhitzen und die Würstchen bei mittlerer Hitze unter Wenden goldbraun anbraten. Aufschneiden und mit warmer Soße und etwas Currypulver bestreut servieren.

TIPP: Im Kühlschrank ist die fruchtig-scharfe Soße 1 bis 2 Wochen haltbar. Für den Vorrat einen Teil der kochend heißen Soße in heiß ausgespülte saubere Schraubgläser füllen. Reste lassen sich auch gut einfrieren.

Grünkohl klassisch

Für 4 Personen

750 g geputzter Grünkohl
2–3 geräucherte Mettenden
2–3 Kohlwürste
Salz
2 Zwiebeln
1–2 TL Senf
Pfeffer

AUSSERDEM
Schmalz zum Andünsten

Mettenden und Kohlwürste in einem Topf mit 300 ml Wasser und 1 TL Salz 30 Minuten garen. Den Grünkohl waschen und in kochendem Wasser 5 Minuten blanchieren. In ein Sieb abgießen, abtropfen lassen und grob hacken.
Die Zwiebeln schälen und fein würfeln. Schmalz in einem breiten Topf auslassen und die Zwiebeln darin glasig dünsten. Den Kohl zufügen und einige Minuten mitdünsten. Die Würste aus der Brühe nehmen. Den Kohl mit der Brühe ablöschen und mit Salz und Pfeffer würzen. Die Würste auf den Kohl legen und im geschlossenen Topf 60 Minuten garen. Mit Senf, Salz und Pfeffer abschmecken.
Dazu reicht man Salzkartoffeln.

Pilz-Schupfnudeln

FÜR 4 PERSONEN

1 kg mehligkochende Kartoffeln
Salz
2 Eier
400 g Spätzle- oder Instantmehl
Muskatnuss
2 kleine Zwiebeln
1 Knoblauchzehe
50 g Speckwürfel
400 g Pilze (z. B. Champignons, Pfifferlinge, Austernpilze)
100 ml Sahne
2 Stiele glatte Petersilie
1 Bund Schnittlauch

AUSSERDEM
Speisestärke zum Ausrollen
Butterschmalz zum Braten

Die Kartoffeln sauber bürsten und mit der Schale in Salzwasser kochen. Den Backofen auf 150 Grad (Umluft) vorheizen. Die Kartoffeln abgießen, schälen und im vorgeheizten Backofen kurz trocknen lassen. Danach die Kartoffeln durch die Kartoffelpresse pressen. Die Masse mit den Eiern und dem Mehl schnell vermengen. Mit 1 TL Salz und frisch geriebener Muskatnuss würzen und sofort weiterverarbeiten. Dazu die Kartoffelmasse auf etwas Speisestärke zu etwa 2 cm dicken Rollen formen. Diese in 1 cm breite Scheiben schneiden. Diese zu dünnen Rollen formen, sodass die Nudeln an den Enden spitz zulaufen. In kochendes Salzwasser geben und garen. Sobald sie an der Oberfläche schwimmen, herausnehmen und auf ein Blech zum Trocknen geben.
Inzwischen die Zwiebeln und den Knoblauch schälen und klein würfeln. Mit den Speckwürfeln anbraten, beiseite stellen.
Die Schupfnudeln in einer großen Pfanne in Butterschmalz anbraten. Die geputzten Pilze zugeben und mitbraten. Wenn alles eine schöne Farbe angenommen hat, die Zwiebel-Speck-Mischung dazufügen. Mit Salz und Pfeffer würzen. Sahne angießen und etwas einköcheln. Die Kräutern waschen und trocken schütteln. Die Petersilienblätter abzupfen und fein hacken, den Schnittlauch in Röllchen schneiden. Die Pilz-Schupfnudeln mit Kräutern bestreut anrichten.

Schmorgurken mit Hackfleisch

FÜR 4 PERSONEN

1–2 Schmorgurken (ca. 1 kg)
1 EL Öl
400 g Hackfleisch
Salz, Pfeffer
1 Knoblauchzehe
3 Tomaten
250 ml Gemüsebrühe
2–3 EL Weißweinessig
1 TL Zucker
4 Stiele Dill
2 EL Schmand

Die Gurken schälen, längs halbieren und die Kerne mit einem Löffel entfernen. Die Gurkenhälften in etwa 1 cm große Würfel schneiden.
Das Öl in einer Pfanne erhitzen und das Hackfleisch darin anbraten.
Mit Salz und Pfeffer würzen.
Die Knoblauchzehe schälen, fein würfeln und zugeben. Die Gurkenwürfel zufügen und 3 bis 5 Minuten mitschmoren.
Tomaten waschen, Stielansatz entfernen, grob würfeln und in die Pfanne geben. Mit Brühe ablöschen und etwa 15 Minuten leise köcheln lassen. Sind die Gurken glasig, mit Essig und Zucker abschmecken.
Dill waschen, trocken schütteln, abzupfen und fein hacken.
Kurz vor dem Servieren unterheben.
Mit einem Klecks Schmand servieren.

Rindergulasch mit Pflaumen

FÜR 4 PERSONEN

600 g Rindergulasch
150–200 g Trockenpflaumen
200 ml trockener Rotwein
2–3 Zwiebeln
2 Knoblauchzehen
Salz, Pfeffer
2 TL edelsüßes Paprikapulver
1 TL Zimt
½ TL gemahlener Kreuzkümmel
2 EL Tomatenmark
600 ml Rinderbrühe
3–4 Zweige Thymian
2 Lorbeerblätter

AUSSERDEM
3 EL Butterschmalz zum Anbraten

Trockenpflaumen halbieren und etwa 2 Stunden im Rotwein einlegen. Zwiebeln schälen und grob würfeln. 2 EL Butterschmalz in einer großen Pfanne oder einem Bräter erhitzen. Das Gulasch in 2 Portionen bei starker Hitze 2 bis 3 Minuten scharf anbraten und wieder herausnehmen. Die Zwiebeln im restlichem Butterschmalz andünsten. Knoblauch schälen, fein hacken und kurz mitdünsten. Das Fleisch zugeben. Kräftig salzen und pfeffern. Mit Paprikapulver, Zimt und Kreuzkümmel bestäuben. Unterrühren. Tomatenmark dazugeben, kurz anrösten. Brühe angießen. Thymian waschen, trocken schütteln und die Blättchen von den Stielen streifen. Mit den Lorbeerblättern zum Gulasch geben. Deckel auflegen und etwa 1½ Stunden geschlossen köcheln lassen. Hin und wieder umrühren. Nach 1 Stunde den Deckel etwas schräg auflegen. Wenn das Fleisch zart ist, die Pflaumen hinzugeben. Noch 10 Minuten köcheln lassen, eventuell etwas Brühe nachgießen. Mit Salz und Pfeffer abschmecken. Dazu passen Brot oder Kartoffeln.

Aus dem Ofen

Gefüllte Ente mit Calvados und Serviettenknödeln

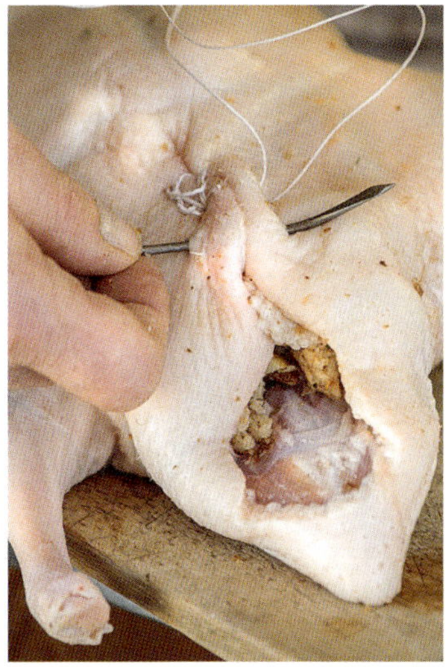

FÜR 4 PERSONEN

1 küchenfertige Ente (2½–3 kg)
Salz, Pfeffer

FÜLLUNG
60 g Rosinen
3 cl Calvados
1 Zwiebel
2–3 Äpfel
200 g altbackenes Weißbrot
Salz, Pfeffer
1 TL gehackter Thymian
Zimt

SOSSE
300 ml Geflügelfond
Salz, Pfeffer

AUSSERDEM
1–2 EL Butterschmalz zum Braten
Speisestärke zum Binden

Den Backofen auf 180 Grad (Umluft) vorheizen.

Für die Füllung die Rosinen im Calvados einweichen. Die Zwiebel schälen und würfeln. Die Äpfel waschen, vierteln, entkernen und würfeln. Brot nach Belieben entrinden, würfeln und in einer Pfanne im Butterschmalz knusprig anbraten. Zwiebel- und Apfelwürfel kurz mit anschwitzen. Die Rosinen abtropfen lassen, dabei den Sud auffangen. Die Rosinen unter die Brotmischung rühren. Mit Salz, Pfeffer, Thymian und 1 Prise Zimt würzen.

Von der Ente den Bürzel und überschüssiges Fett abschneiden. Die Ente füllen und zunähen. Mit Salz und Pfeffer einreiben.
Die Ente mit 100 ml Wasser in einen Bräter setzen und im Backofen bei 180 Grad (Umluft) garen. Für eine krosse Haut immer wieder mit dem Bratensud beträufeln oder bepinseln und ab und zu etwas Wasser auffüllen. Nach etwa 1 Stunde unterhalb der Flügel und Keulen einstechen, damit Fett austritt. Ente nach etwa 3 Stunden auf eine Platte legen und im ausgeschalteten Backofen ruhen lassen.

Für die Soße den Bratensatz mit dem Fond und einem Pinsel ablösen. In einen kleinen Topf gießen, etwas Fett abschöpfen. Aufgefangenen Calvadossud zugeben, etwas einköcheln lassen. Mit etwas in kaltem Wasser angerührter Speisestärke binden. Mit Salz und frisch gemahlenem Pfeffer abschmecken.

TIPP:
Eine ganze Ente benötigt pro Kilogramm Gewicht rund 1 Stunde Garzeit im Ofen. Die leckere Füllung vor dem Tranchieren entnehmen und zum Essen servieren.

Das Rezept für Serviettenknödel finden Sie auf der nächsten Seite.

Servietten-
knödel

FÜR 4 PERSONEN

6–7 altbackene helle Brötchen
(oder 500 g Toastbrot)
ca. 250 ml lauwarme Milch
1 Zwiebel
½ EL Butterschmalz
2 Eier
1 kleines Bund Petersilie
ca. 50 g Paniermehl
Salz, Pfeffer
Muskatnuss

Brötchen oder Brot nach Belieben entrinden und würfeln. In einer Schüssel etwa 20 Minuten in der Milch einweichen. Zwiebel schälen, fein würfeln und im Butterschmalz in einer Pfanne glasig anschwitzen. Gut gesalzenes Wasser in einem länglichen Bräter zum Sieden bringen. Die Eier leicht verschlagen. Petersilie waschen, trocken schütteln, die Blättchen abzupfen und fein hacken. Mit Zwiebelwürfeln, Eiern und Paniermehl unter die Brotmasse kneten. Mit Salz, frisch gemahlenem Pfeffer und frisch geriebener Muskatnuss würzen.
Ein sauberes Geschirrtuch ausbreiten, die Masse nicht zu fest darin einwickeln. An den Enden zubinden. Im Bräter 30 bis 40 Minuten schwimmend sieden lassen, dabei einmal wenden. Herausheben, abtropfen lassen, auspacken und in Scheiben schneiden.

TIPP:
Die Knödel schmecken auch am nächsten Tag in Butter angebraten.

Lammragout mit Quitten

FÜR 4 PERSONEN

1 kg Lammgulasch
2 Quitten (ca. 600 g)
1 große Zwiebel
2 Möhren
100 g Knollensellerie
1–2 Stangen Lauch
250 ml Rinderfond
Salz, Pfeffer
Cayennepfeffer
1 TL kalte Butter
1 TL Mehl
1 EL Johannisbeergelee

AUSSERDEM

Olivenöl zum Braten

Die Zwiebel schälen und fein würfeln. Möhren und Sellerie putzen, schälen und würfeln. Den Lauch putzen, längs einschneiden, waschen und in Ringe schneiden. Das Öl in einer großen Pfanne oder einem Schmortopf erhitzen und die Zwiebeln darin andünsten. Fleisch und Gemüse dazugeben und anbraten. Mit dem Fond ablöschen. Mit Salz, Pfeffer und Cayennepfeffer würzen.

Bei geschlossenem Deckel und geringer bis mittlerer Hitze etwa 1 Stunde schmoren lassen. Die Quitten abreiben, waschen, schälen, vierteln, entkernen und in Würfel schneiden. Zum Fleisch geben und weitere 30 Minuten garen. Die Butter mit dem Mehl verkneten. In die Soße rühren und diese damit binden. Mit Gelee abschmecken. Dazu passt Kartoffelstampf oder Baguette.

Süßkartoffeln und Pastinaken mit Feta

FÜR 4 PERSONEN

800 g Süßkartoffeln
600 g Pastinaken
1 Gemüsezwiebel
250 g Feta
2 Zweige Rosmarin
4–5 EL Rapsöl
1–2 TL Schwarzkümmel
Salz, Pfeffer

Den Backofen auf 180 Grad (Umluft) vorheizen. Die Süßkartoffeln, die Pastinaken und die Gemüsezwiebel schälen und in grobe Stücke schneiden. Den Feta in Stücke brechen.
Rosmarin waschen, trocken schütteln, die Blättchen abzupfen und auf dem Gemüse verteilen. Alles auf einem Backblech verteilen. Mit Rapsöl beträufeln. Mit Schwarzkümmel, Salz und Pfeffer würzen. Die Masse durchmischen. Im vorgeheizten Backofen etwa 35 Minuten backen, zwischendurch einmal wenden. Dazu schmeckt Hummus oder Kräuterquark.

Überbackener Chicorée auf Kartoffelgratin

FÜR 4 PERSONEN

4–6 Chicorée
700 g Kartoffeln
Salz, Pfeffer
Muskatnuss
50 g geriebener Parmesan
400 ml Sahne
8–12 Scheiben Speck
50 g geriebener Bergkäse

AUSSERDEM
Butter für die Form

Den Römertopf mindestens 10 Minuten wässern. Die Kartoffeln schälen, waschen und in dünne Scheiben hobeln. Den Topf einfetten und schichtweise mit Kartoffelscheiben auslegen. Die einzelnen Schichten mit Salz, Pfeffer und frisch geriebener Muskatnuss würzen und mit etwas Parmesan bestreuen. Die oberste Schicht mit der Sahne begießen und dem restlichen Parmesan bestreuen. Den Chicorée waschen, längs halbieren und den Strunk herausschneiden. 2 Chicoréehälften mit je 2 Scheiben Speck umwickeln, auf die Kartoffeln legen und mit dem Bergkäse bestreuen. Den geschlossenen Römertopf in den kalten Backofen stellen. Auf 180 Grad (Umluft) hochheizen. Etwa 60 Minuten garen. Den Deckel abnehmen und die Temperatur auf 220 Grad erhöhen.
Den Chicorée im offenen Topf etwa 10 Minuten goldgelb überbacken.

Kräuter-kartoffeln vom Blech

FÜR 4 PERSONEN

1 kg mittelgroße Kartoffeln
½ Bund Schnittlauch
4 Stiele glatte Petersilie
1 Zweig Rosmarin
6–8 EL Olivenöl
Salz, Pfeffer

Den Backofen auf 160 Grad (Umluft) vorheizen. Die Kartoffeln schälen, waschen und längs achteln. Die Kräuter waschen und trocken schütteln. Schnittlauch in feine Röllchen schneiden, Petersilienblätter und Rosmarinnadeln abzupfen und fein hacken. Das Öl mit den Kräutern, Salz und Pfeffer verrühren. Die Kartoffeln damit mischen und auf einem Backblech verteilen. Im vorgeheizten Backofen etwa 25 bis 30 Minuten backen.

Tomaten-Fisch mit Rucola-Sahne

FÜR 4 PERSONEN

FISCH
500 g Rotbarschfilet
2 Zwiebeln
2 Knoblauchzehen
2–3 EL Öl
1 Dose Tomaten (750 g)
Salz, Pfeffer
150 g Kirschtomaten

SAHNE
50 g Rucola
150 ml Sahne
Salz, Pfeffer
Muskatnuss

Für die Sahne den Rucola waschen, trocken schleudern, putzen und hacken. Die Sahne steif schlagen. Den Rucola unterheben. Mit Salz, Pfeffer und frisch geriebener Muskatnuss würzen. Kalt stellen.

Für den Fisch die Zwiebeln und den Knoblauch schälen. Zwiebeln würfeln, Knoblauch in dünne Scheiben schneiden. Das Öl in einem weiten Topf erhitzen. Zwiebeln und Knoblauch darin kurz andünsten. Dosentomaten zufügen und etwas zerkleinern. Salzen, pfeffern und 5 Minuten bei mittlerer Hitze köcheln lassen. Den Fisch in mundgerechte Würfel schneiden. Mit Salz und Pfeffer würzen. Auf den Tomaten verteilen und bei mittlerer Hitze zugedeckt 8 bis 10 Minuten garen, nach 5 Minuten die Fischstücke wenden. Die Kirschtomaten waschen, halbieren und vorsichtig unter den Tomaten-Fisch heben. Mit der Rucola-Sahne servieren. Dazu schmeckt geröstetes Ciabatta.

Crostini mit Auberginen

FÜR 4 PERSONEN

1 Aubergine (ca. 300 g)
1 rote Paprika
2 Knoblauchzehen
1 Zwiebel
80 g schwarze Oliven (ohne Stein)
3 EL Olivenöl
50 ml Weißwein
Salz, Pfeffer
1 EL weißer Balsamicoessig
8 Scheiben Baguette
4 Stiele Basilikum

Aubergine und Paprika waschen, putzen und klein würfeln. Knoblauch und Zwiebel schälen und fein würfeln. Oliven würfeln. Aubergine und Paprika in 1 EL Olivenöl 5 bis 7 Minuten dünsten. Mit dem Weißwein ablöschen und etwas abkühlen lassen. Nun Zwiebel, Knoblauch und Oliven unter die Mischung heben. Mit Salz und Pfeffer würzen. Mit Essig abschmecken. Das restliche Olivenöl unterheben und die Auberginen etwas durchziehen lassen.

Baguettescheiben toasten oder im Backofen knusprig rösten. Basilikum waschen, trocken schütteln, die Blätter abzupfen, in feine Streifen schneiden und unter die Auberginenmasse heben. Auf den Baguettescheiben anrichten und servieren.

Seelachs mit Frühlingszwiebeln, Tomaten und Oliven

FÜR 4 PERSONEN

800 g Seelachs
400 g Cocktailtomaten
1 Bund Frühlingszwiebeln
5 EL Olivenöl
12 getrocknete Tomaten in Öl (ca. 150 g)
50 g schwarze Oliven ohne Stein
2–3 TL Kapern
½–1 TL gemahlene Fenchelsaat
½–1 TL gemahlener Koriander
Salz, Pfeffer
½ TL brauner Zucker

Die Tomaten waschen und halbieren. Die Frühlingszwiebeln waschen, putzen und in grobe Stücke schneiden. Den Backofen auf 180 Grad (Ober-/Unterhitze) vorheizen. Ein Backblech mit 2 EL Olivenöl einfetten. Den Fisch, die Tomaten und Frühlingszwiebeln darauf verteilen. Die getrockneten Tomaten etwas abtropfen lassen, halbieren und mit den Oliven und Kapern auf dem Blech verteilen. Fenchelsaat, Koriander, Salz und Pfeffer auf den Fisch streuen. Alles mit dem restlichen Olivenöl beträufeln. Den braunen Zucker auf den Schnittflächen der Tomaten verteilen. Im vorgeheizten Backofen etwa 20 bis 25 Minuten garen. Dazu schmeckt Baguette.

Gänsekeulen vom Blech mit Kartoffelklößen

FÜR 4 PERSONEN

4 Gänsekeulen (à 400 g)
Salz, Pfeffer
4 Schalotten
200 ml Apfelsaft
200 ml Geflügelfond
4 Äpfel
4 Zweige Thymian
1 EL Quittengelee

KLÖSSE
1 kg mehligkochende Kartoffeln
1 TL Salz
2 Eier
80–100 g Mehl
2–3 EL Wildpreiselbeeren
(aus dem Glas)
2 EL Butter
3 EL Semmelbrösel

Die Gänsekeulen trocken tupfen, salzen und pfeffern.
Den Backofen auf 180 Grad (Ober-/Unterhitze) vorheizen.
Die Gänsekeulen auf ein Backblech legen. 2 bis 3 EL Wasser angießen. Die Schalotten schälen, halbieren und auf dem Backblech verteilen. Im vorgeheizten Backofen etwa 60 Minuten garen. Saft und Fond angießen und die Keulen mit Flüssigkeit beträufeln. Die Backtemperatur auf 200 Grad erhöhen und weitere 30 Minuten garen. Die Äpfel waschen und mit einem Apfelausstecher entkernen. Zu den Gänsekeulen auf das Backblech setzen und weitere 30 Minuten braten. Thymian waschen, trocken schütteln und die Blättchen abzupfen.
Mit dem Quittengelee verrühren. 20 Minuten vor Ende der Garzeit auf die Keulen streichen.

Für 8 Klöße am Vortag die Kartoffeln waschen und mit der Schale in Salzwasser garen. Abgießen, pellen und kühl stellen.
Die Kartoffeln reiben und mit Salz und Eiern vermengen. So viel Mehl unterkneten, dass der Teig gut bindet. Zur Rolle formen und diese in 8 Stücke schneiden.
Jede Portion etwas flach drücken, 1 TL Preiselbeeren daraufgeben und den Teig zum Kloß schließen. Mit feuchten Händen zur Kugel formen. In einem großen Topf reichlich Wasser zum Kochen bringen. Die Klöße ins siedende Wasser geben und darin 10 bis 15 Minuten gar ziehen lassen, bis sie oben schwimmen. Herausnehmen und abtropfen lassen. In einer Pfanne die Butter aufschäumen und die Semmelbrösel darin goldbraun rösten. Die Klöße mit je 1 TL Butterbrösel servieren.

Zwiebel-kuchen

FÜR 1 BACKBLECH

TEIG
300 g Dinkelmehl
175 g kalte Butter
1 TL Salz
2 Eier

BELAG
1 kg Zwiebeln
2 rote Zwiebeln
3 EL Butter
250 ml Sahne
5 Eier
150 g geriebener Greyerzer
Salz, Pfeffer
Muskatnuss

Für den Teig aus Mehl, Butterstückchen, Salz, Eiern und 2 EL Wasser rasch einen glatten Teig kneten. 30 Minuten kühl ruhen lassen.

Für den Belag die Zwiebeln schälen, hobeln oder in Würfel schneiden. Die Butter in einer großen Pfanne erhitzen und die Zwiebeln darin unter Rühren etwa 15 Minuten dünsten. Sahne mit den Eiern gut verquirlen und den Käse unterziehen. Mit Salz, Pfeffer und frisch geriebener Muskatnuss würzen.
Den Backofen auf 180 Grad (Umluft) vorheizen. Ein Backblech mit Backpapier auslegen. Den Teig ausrollen und auf das Backblech legen. Die Zwiebeln darüberstreichen und mit der Eiersahne begießen. Im vorgeheizten Backofen etwa 40 bis 45 Minuten backen. Schmeckt warm und kalt zu jungem Wein.

Champignon-Piroggen mit würzigem Dip

FÜR ETWA 16 STÜCK

TEIG
250 g Mehl
½ TL Backpulver
60 g Butter
100 g Crème fraîche
½ TL Salz

FÜLLUNG
200 g weiße Champignons
1 Schalotte
3 Stiele glatte Petersilie
200 g Hackfleisch
Salz, Pfeffer
edelsüßes Paprikapulver

DIP
5 EL Sojasoße
½ TL Chiliflocken
1–2 TL Honig
1 Frühlingszwiebel
1 Stück Ingwer (ca. 2 cm)
1 Knoblauchzehe

AUSSERDEM
Öl zum Anbraten
Mehl zum Ausrollen
1 Eigelb zum Bestreichen

Für den Teig das Mehl mit dem Backpulver in einer Schüssel vermengen. Butter, Crème fraîche und Salz zufügen und rasch zu einem geschmeidigen Teig verkneten. Im Kühlschrank 1 Stunde ruhen lassen.

Für die Füllung die Champignons putzen, gegebenenfalls kurz waschen und fein würfeln. Die Schalotte schälen und fein würfeln. Petersilie waschen, trocken schütteln, die Blätter von den Stielen zupfen und fein hacken. Etwas Öl in einer Pfanne erhitzen und das Hackfleisch darin anbraten. Mit Salz, Pfeffer und Paprikapulver würzen. Champignons und Schalotte zufügen und kurz mitdünsten. Zum Schluss die Petersilie unterheben.
Den Backofen auf 200 Grad (Ober-/Unterhitze) vorheizen. Den Teig noch mal gut durchkneten und auf bemehlter Arbeitsfläche dünn ausrollen. Mit einer Form Kreise (Durchmesser 10–12 cm) ausstechen. Je 1 EL Füllung auf einen Kreis setzen. Die Teigränder mit verquirltem Eigelb bestreichen. Zusammenklappen, den Rand andrücken und mit einer Gabel eindrücken. Die Piroggen mit dem restlichen Eigelb bestreichen.
Auf ein mit Backpapier belegtes Backblech legen und im vorgeheizten Backofen 20 bis 25 Minuten goldbraun backen.

Für den Dip inzwischen die Sojasoße mit den Chiliflocken, 1 EL Wasser und Honig glatt rühren. Frühlingszwiebel putzen, waschen und fein würfeln. Ingwer und Knoblauch schälen und fein hacken. Alles unter die Soße rühren und zu den Piroggen servieren.

Lachs-Spinat-Pastete

FÜR 4–6 PERSONEN

MÜRBETEIG
250 g Mehl
125 g kalte Butter
1 Ei
½ TL Salz

FÜLLUNG
400 g Spinat
600 g Lachsfilet
3–4 Frühlingszwiebeln
1 Knoblauchzehe
1 EL Butter
Salz, Pfeffer
Muskatnuss
1–2 EL Crème fraîche

DIP
250 g Schmand
1 EL süßer Senf
3 Stiele glatte Petersilie
1 Bund Schnittlauch
Salz, Pfeffer

AUSSERDEM
Mehl zum Ausrollen
1 Eigelb und
1 EL Milch zum Bestreichen

Für den Teig das Mehl in eine Schüssel geben. Butter in kleinen Stücken, Ei, Salz und 3 Esslöffel kaltes Wasser zufügen. Rasch zu einem geschmeidigen Teig verkneten. Mindestens 1 Stunde kalt stellen.

Für die Füllung den Spinat waschen, putzen und gut abtropfen lassen. Frühlingszwiebeln putzen, waschen und in feine Ringe schneiden. Knoblauch schälen und fein würfeln. Die Butter in einem Topf erhitzen. Frühlingszwiebeln und Knoblauch darin glasig andünsten. Den Spinat zufügen und einige Minuten zusammenfallen lassen. Mit Salz, Pfeffer und frisch geriebener Muskatnuss würzig abschmecken. Auf einem Sieb abtropfen und abkühlen lassen. Crème fraîche unterrühren. Den Backofen auf 200 Grad (Ober-/Unterhitze) vorheizen.

Den Teig auf einer bemehlten Arbeitsfläche dünn zu einem Rechteck ausrollen und waagerecht halbieren. Eine Teighälfte auf ein mit Backpapier belegtes Backblech legen. Mit der Hälfte des Spinats bestreichen, dabei einen 1 cm breiten Rand lassen. Das Lachsfilet mit Salz und Pfeffer würzen und auf den Spinat legen. Mit dem restlichen Spinat bedecken. Das Eigelb mit der Milch verrühren und die Teigränder damit bestreichen. Die zweite Teighälfte auflegen, die Ränder gut andrücken und mit einer Gabel verschließen. Den Teigdeckel mit dem restlichen Eigelb bestreichen. Damit die Pastete schön knusprig wird, drei Löcher in den Teigdeckel stechen oder schneiden, damit der Dampf entweichen kann. Die Pastete im vorgeheizten Backofen 30 bis 35 Minuten goldbraun backen.

Für den Dip inzwischen den Schmand mit dem Senf verrühren. Die Kräuter waschen und trocken schütteln. Petersilie von den Stielen zupfen und fein hacken. Schnittlauch in Röllchen schneiden. Beides unter den Dip rühren und mit Salz und Pfeffer würzen. Die Pastete in Scheiben schneiden und mit dem Dip und dem Frühlingssalat servieren. Schmeckt auch kalt.

TIPP: Anstelle des Mürbeteigs kann man auch eine Rolle fertigen Blätterteig verwenden.

Zitronen-Hähnchen mit Möhren und Kartoffeln

FÜR 4 PERSONEN

4 Hähnchenkeulen (à ca. 350 g)
80 g Butter
1 Lorbeerblatt
6 Kartoffeln (ca. 500 g)
6 Möhren (ca. 400 g)
4 Schalotten
5–6 Zweige Thymian
Saft von 1 Zitrone
Salz, Pfeffer

Die Butter in einem Topf erhitzen. Den Schaum abschöpfen. Sobald sich die Molke am Topfboden abgesetzt hat, die (geklärte) Butter vorsichtig abgießen, sodass die Molke zurückbleibt. Das Lorbeerblatt in die geklärte Butter legen. Die Kartoffeln schälen und waschen. Möhren schälen und putzen. Die Schalotten schälen. Alles vierteln, die Möhren vorher halbieren. Den Backofen auf 200 Grad (Ober-/Unterhitze) vorheizen.

Den Thymian waschen, trocken schütteln und die Blättchen abzupfen. Zusammen mit dem Zitronensaft unter die Butter rühren. Salzen und pfeffern. Hähnchen und Gemüse auf einem Backblech verteilen. Die Buttermischung darüber verteilen. Im vorgeheizten Backofen etwa 40 bis 45 Minuten garen, nach der Hälfte der Zeit das Gemüse wenden und die Hähnchen mit dem Sud beträufeln. Zum Ende der Garzeit die Grillfunktion einschalten, die Hähnchen nochmals beträufeln, das Backblech auf die obere Schiene schieben und fertig garen.

Riesling-Sauerkraut-Wähen

FÜR 4 TARTEFORMEN (Ø 15 CM)

TEIG

230 g Dinkelmehl (Type 630)
80 g kalte Butter
1 TL Salz

FÜLLUNG

125 ml Riesling
300 g Sauerkraut
1 Stange Lauch
60 g Speckwürfel
Salz, Pfeffer
2 EL Butter
1 Wacholderbeere
1 EL Zucker
1 TL Kümmelsamen
1 EL Dinkelmehl
50 g Crème fraîche
80 g Bergkäse

AUSSERDEM

Mehl zum Bearbeiten
Butter für die Formen

Für den Teig die Butter würfeln. Mit Mehl, Salz und 70 ml Wasser rasch zu einem glatten Teig verkneten. Zur Kugel formen. Zugedeckt bei Zimmertemperatur 30 Minuten ruhen lassen.

Für die Füllung den Lauch putzen, in Ringe schneiden, waschen und abtropfen lassen. 1 Handvoll Grün in einem Topf mit wenig Wasser 3 Minuten bissfest garen. Dann kalt abschrecken und abtropfen lassen. Mit 2 EL Speck mischen, salzen und pfeffern. Butter in einer Pfanne erhitzen, darin die zerdrückte Wacholderbeere mit dem restlichen Lauch und Speck andünsten. Sauerkraut, Zucker und ½ TL Kümmel hinzufügen. Mit dem Mehl bestäuben und mit dem Wein ablöschen. Etwa 15 Minuten mit schräg aufgelegtem Deckel dünsten. Crème fraîche unterrühren, mit Salz und Pfeffer abschmecken und abkühlen lassen.

Den Backofen auf 220 Grad (Ober-/Unterhitze) vorheizen. Den Teig vierteln und auf bemehlter Arbeitsfläche zu Kreisen (ø 20 cm) ausrollen. Die Formen einfetten und mit etwas Mehl bestäuben. Den Teig hineinlegen und einen ca. 2 cm hohen Rand andrücken. Die Sauerkraut-Mischung auf den Teig geben und glatt streichen. Den Käse fein würfeln und mit dem restlichen Kümmel darüberstreuen. Die Lauch-Speck-Mischung darauf verteilen.
Die Wähen im vorgeheizten Backofen etwa 20 bis 25 Minuten backen, bis sie gut gebräunt und gar sind. Herausnehmen und einige Minuten ruhen lassen. Schmecken warm und kalt.
Dazu passt Feldsalat.

TIPP: Statt in 4 Tarteformen in einer Springform (ø 28 cm) etwa 30 Minuten backen.

Gratins und Aufläufe

Klassische Lasagne

FÜR 4 PERSONEN

ca. 10 Lasagneblätter
1 Zwiebel
3 Möhren
¼ Knollensellerie
100 g durchwachsener Speck
2 EL Olivenöl
500 g Rinderhack
1 Dose Tomaten (850 g)
250 ml Gemüsebrühe
Salz, Pfeffer
4 Stiele glatte Petersilie
4 Stiele Basilikum

BÉCHAMELSOSSE
40 g Butter
40 g Mehl
250 ml Gemüsebrühe
200 ml Sahne
200 ml Milch
150 g Parmesan
Salz, Pfeffer
Muskatnuss

AUSSERDEM
Fett für die Form

Das Gemüse schälen und fein würfeln. Speck fein würfeln und im Olivenöl auslassen. Das Hackfleisch zufügen und darin braten. Das Gemüse zufügen und glasig dünsten. Tomaten samt Saft und die Brühe dazugeben. Salzen, pfeffern und bei schwacher Hitze etwa 30 Minuten einkochen lassen. Die Kräuter waschen, trocken schütteln, von den Stielen zupfen und hacken. Die Bolognese abschmecken und die Kräuter zufügen.

Den Backofen auf 180 Grad vorheizen. Eine Auflaufform einfetten.

Für die Béchamelsoße die Butter in einem Topf zerlassen. Das Mehl darin anschwitzen. Mit Brühe, Sahne und Milch auffüllen und einige Minuten köcheln lassen. Inzwischen den Parmesan reiben und etwa zwei Drittel in der Soße auflösen. Mit Salz, Pfeffer und frisch geriebener Muskatnuss abschmecken. Abwechselnd Bolognese, Lasagneblätter und Béchamelsoße einschichten. Mit Lasagneblättern und Béchamelsoße abschließen. Den restlichen Käse darüberstreuen und im vorgeheizten Backofen bei 180 Grad 45 Minuten backen.

Wirsing-Wild-Gratin

FÜR 4 PERSONEN

REHRAGOUT

- 750 g Rehfleisch aus der Keule
- 1 Zwiebel
- 1 Möhre
- 1/8 Knollensellerie
- 3 EL Öl
- Salz, Pfeffer
- 1 EL Tomatenmark
- 300 ml Wildfond
- je 1 Zweig Rosmarin und Thymian
- 1 Lorbeerblatt

WIRSINGGEMÜSE

- 600 g Wirsing
- 2 Schalotten
- 80 g gewürfelter Speck
- 1 EL Öl
- 100 ml Gemüsefond
- Salz, Pfeffer
- Muskatnuss
- 200 g Sahne-Schmelzkäse
- 100 ml Sahne
- ½ Bund Schnittlauch

Für das Ragout das Fleisch von Haut und Sehnen befreien und würfeln. Zwiebel schälen und in feine Würfel schneiden. Möhre und Sellerie putzen, schälen, waschen und würfeln.
Das Öl in einer Pfanne erhitzen und das Fleisch rundherum kräftig anbraten. Mit Salz und Pfeffer würzen. Das gewürfelte Gemüse zufügen und 3 Minuten mitbraten. Tomatenmark zufügen, kurz anrösten und mit Wildfond ablöschen. Rosmarin, Thymian und Lorbeerblatt waschen und einlegen. Bei geschlossenem Deckel etwa 45 Minuten schmoren lassen. Die Kräuter entnehmen.

Für das Gemüse den Wirsing putzen, waschen und in Streifen schneiden. Die Schalotten schälen und würfeln. Zusammen mit dem Speck in einem Topf mit dem Öl anschwitzen. Wirsing zufügen, kurz schmoren und mit dem Gemüsefond auffüllen. Mit Salz, Pfeffer und frisch geriebener Muskatnuss würzen. Im geschlossenen Topf etwa 15 Minuten schmoren. Den Backofen auf 180 Grad (Umluft) vorheizen. Den Schmelzkäse mit der Sahne verrühren. Mit Salz und Pfeffer würzen. Schnittlauch waschen, trocken schütteln, in Röllchen schneiden und unterheben. Die Hälfte vom Wirsinggemüse in eine Auflaufform geben, das Ragout darauf verteilen und mit dem restlichen Wirsing bedecken. Die Käse-Sahne-Mischung darüber verteilen und im vorgeheizten Backofen etwa 30 Minuten backen.

Topinambur-Gratin

FÜR 4 PERSONEN

800 g Topinambur
1–2 Knoblauchzehen
3 Zweige Thymian
200 ml Sahne
200 ml Milch
Salz, Pfeffer
80 g Bergkäse

Den Knoblauch schälen und fein hacken. Thymian waschen, trocken schütteln und die Blättchen abzupfen. Sahne, Milch, Knoblauch und Thymian verrühren.
Salzen und pfeffern. Topinambur unter fließendem Wasser sauber bürsten, bei Bedarf schälen und putzen. Dünn hobeln und in eine Auflaufform schichten.

Den Backofen auf 160 Grad (Umluft) vorheizen. Den Guss auf dem Topinambur verteilen. Den Käse reiben und darüberstreuen. Etwa 40 Minuten backen.

Kräuter-Kartoffel-Gratin mit Spinat

FÜR 4 PERSONEN

GRATIN
1 kg kleine Kartoffeln
Salz
2 Bund Kerbel
2 Bund Schnittlauch
150 g Butterkäse
40 g Butter
1–2 TL grobes Salz

SPINAT
500 g Spinat
1 Knoblauchzehe
1 EL Butter
Salz, Pfeffer
Muskatnuss

AUSSERDEM
1 Beet Kresse

Für das Gratin die Kartoffeln gründlich waschen und abbürsten. In kochendem Salzwasser etwa 20 Minuten garen. Kräuter waschen und trocken schütteln. Kerbel hacken, Schnittlauch in Röllchen schneiden. Den Käse grob raspeln. Den Backofen auf 200 Grad (Ober-/Unterhitze) vorheizen. Kartoffeln längs halbieren und in eine Auflaufform füllen. Butter schmelzen und über die Kartoffeln gießen. Gleichmäßig mit grobem Salz bestreuen. Erst die Kräuter, dann den Käse darauf verteilen.
Im vorgeheizten Backofen etwa 30 Minuten überbacken.

Den Spinat putzen, waschen und abtropfen lassen. Knoblauch schälen und fein würfeln. Butter in einem Topf zerlassen und den Knoblauch darin andünsten. Den Spinat zufügen. Mit Salz, Pfeffer und frisch geriebener Muskatnuss würzen. Zugedeckt etwa 5 Minuten garen. Das Gratin vor dem Servieren 5 Minuten ruhen lassen. Die Kresse unter fließendem Wasser waschen, trocken schütteln, vom Beet schneiden und über die Käsekartoffeln streuen. Zusammen mit dem Spinat servieren.

Bunter Gemüseauflauf

FÜR 4 PERSONEN

400 g Pastinaken
400 g Kartoffeln
1 kleine Rote Bete
½ Stange Lauch
1 rote Zwiebel
1 Knoblauchzehe
Salz, Pfeffer
250 ml Sahne
250 g geriebener Gouda

AUSSERDEM
Butter für die Form und zum Braten

Pastinaken und Kartoffeln schälen, waschen und in dünne Scheiben schneiden oder hobeln. Die Rote Bete schälen und fein würfeln. Lauch putzen, längs aufschneiden, waschen und in dünne Streifen schneiden. Zwiebel und Knoblauch schälen und fein würfeln.
Den Backofen auf 160 Grad (Ober-/Unterhitze) vorheizen. Eine Auflaufform mit Butter einfetten. Etwas Butter in einer Pfanne erhitzen. Lauch, Rote Bete, Zwiebeln und Knoblauch kurz anbraten.
Pastinaken, Kartoffeln und das restliche Gemüse schichtweise in die Form füllen, salzen und pfeffern. Die Sahne darübergießen und zum Schluss mit Käse überstreuen. Den Auflauf im vorgeheizten Backofen 50 bis 60 Minuten knusprig backen.

Grünkohl-Lasagne

FÜR 4–6 PERSONEN

8–10 Lasagneblätter
900 g geputzter Grünkohl
30 g getrocknete Steinpilze
2 Zwiebeln
2 Knoblauchzehen
100 ml Gemüsebrühe
1 Dose stückige Tomaten (400 g)
1 EL Tomatenmark
1 TL getrockneter Oregano
Salz, Pfeffer
Muskatnuss

BÉCHAMELSOSSE

50 g Butter
50 g Mehl
500 ml Milch
200 ml Sahne
Salz, Pfeffer
Muskatnuss
70 g geriebener Parmesan

AUSSERDEM

Butterschmalz zum Andünsten

Die Pilze in 100 ml warmem Wasser einweichen. Den Grünkohl waschen und in einem großen Topf mit siedendem Wasser portionsweise 2 bis 3 Minuten blanchieren. Mit kaltem Wasser abschrecken und abtropfen lassen. Zwiebeln und Knoblauch schälen und fein würfeln. Die Pilze abtropfen lassen und klein schneiden, das Pilzwasser beiseite stellen. Zwiebeln, Knoblauch und Pilze in einem großen Topf in Butterschmalz anschwitzen. Grünkohl fein hacken und mitdünsten. Brühe und Pilzwasser angießen und bei geschlossenem Deckel etwa 30 Minuten köcheln lassen. Tomaten, Tomatenmark und Oregano unterrühren und bei offenem Deckel 15 Minuten köcheln lassen. Mit Salz, Pfeffer und frisch geriebener Muskatnuss würzen. Abkühlen lassen. Den Römertopf mindestens 10 Minuten wässern.

Für die Béchamelsoße die Butter in einem Topf zerlassen. Das Mehl darin anschwitzen. Milch und Sahne angießen und unter Rühren etwa 10 Minuten köcheln lassen. Mit Salz, Pfeffer und frisch geriebener Muskatnuss abschmecken. Die Hälfte des Parmesans einrühren. Abkühlen lassen. Etwas Grünkohl auf dem Boden verteilen. Dann abwechselnd Lasagneblätter, Grünkohl und Béchamelsoße einschichten. Auf die oberste Lage Lasagneblätter noch etwas Soße geben und mit dem restlichen Parmesan bestreuen. Den geschlossenen Römertopf in den kalten Backofen stellen. Auf 180 Grad (Umluft) hochheizen. Nach 40 Minuten mit einem Messer in die Nudelplatten stechen und prüfen, ob diese weich sind. Den Deckel abnehmen. Die Temperatur auf 220 Grad erhöhen und die Lasagne etwa 10 Minuten goldbraun überbacken.

TIPP: Den Grünkohl am Vortag zubereiten und über Nacht kalt stellen.

Sauerkraut-auflauf

FÜR 4 PERSONEN

SAUERKRAUT
850 g Sauerkraut
2 Zwiebeln
250 g Schinkenspeckwürfel
Salz, Pfeffer
1 TL Kümmel
1 Prise Zucker
2 Lorbeerblätter
100 ml Gemüsebrühe

KARTOFFELPÜREE
500 g mehligkochende Kartoffeln
Salz
1 EL Butter
150 ml Sahne
Pfeffer
1 Bund glatte Petersilie

KRUSTE
100 g Crème fraîche
50 g süßer Senf
2 EL Honig
2 Eigelb

AUSSERDEM
Butterschmalz zum Andünsten
Butter für die Form

Für das Kraut die Zwiebeln schälen und fein würfeln. In einem großen Topf in Butterschmalz glasig dünsten. Die Speckwürfel mit anbraten. Das Sauerkraut zufügen. Mit Salz, Pfeffer, Kümmel und Zucker würzen. Lorbeerblätter dazugeben. Die Brühe angießen. Das Kraut etwa 20 Minuten garen lassen.

Für das Püree die Kartoffeln waschen und in Salzwasser garen. Abgießen, pellen und mit dem Kartoffelstampfer zerdrücken. Butter und Sahne unterrühren. Salzen und pfeffern. Die Petersilie waschen, trocken schütteln, die Blätter abzupfen und fein hacken. 1 EL Petersilie unter das Püree rühren. Den Backofen auf 180 Grad (Umluft) vorheizen.

Für die Kruste alle Zutaten und 1 EL Petersilie verrühren. Eine Auflaufform einfetten. Das Püree einfüllen, das Kraut darauf verteilen. Mit der Crème-fraîche-Masse bestreichen. Im vorgeheizten Backofen 20 Minuten überbacken. Mit der restlichen Petersilie bestreut servieren.

Kürbis-Kartoffel-Gratin

FÜR 4 PERSONEN

400 g Muskatkürbis
700 g Kartoffeln
500 ml Sahne
Salz, Pfeffer
Muskatnuss
3 Knoblauchzehen
6 Zweige Thymian

Die Sahne mit Salz, Pfeffer und frisch geriebener Muskatnuss in einem kleinen Topf verrühren. Knoblauch schälen und grob hacken. Thymian waschen und trocken schütteln. Zur Sahne geben und einmal aufkochen. Anschließend 10 Minuten ziehen lassen. Den Kürbis schälen, entkernen und in dünne Scheiben hobeln. Den Backofen auf 130 Grad (Umluft) vorheizen. Die Kartoffeln waschen, schälen und hobeln. Kürbis und Kartoffeln in eine Auflaufform schichten. Die Sahne durch ein Sieb darübergießen und vorsichtig untermischen. Im vorgeheizten Backofen etwa 1½ Stunden garen.

Moussaka

FÜR 6 PERSONEN

2 Auberginen (ca. 600 g)
Salz
600 g vorwiegend
festkochende Kartoffeln
2 Zwiebeln
4 Knoblauchzehen
2 Zweige Rosmarin
ca. 200 ml Olivenöl
500 g gemischtes Hackfleisch
Pfeffer
800 g stückige Tomaten
(aus der Dose)

BÉCHAMELSOSSE
1 EL Butter
1 EL Mehl
300 ml Milch
50 g geriebener Parmesan
Salz, Pfeffer

Die Auberginen waschen, putzen und in 1 cm dicke Scheiben schneiden. Auf beiden Seiten leicht salzen und 20 Minuten Wasser ziehen lassen. Kartoffeln schälen, waschen und in Salzwasser etwa 20 Minuten garen, abgießen und ausdampfen lassen. Die Auberginen mit Küchenpapier abtupfen.
Die Zwiebeln und den Knoblauch schälen und fein würfeln. Rosmarin waschen, trocken schütteln, die Nadeln abzupfen und fein hacken. In einer großen Pfanne 4 EL Olivenöl erhitzen. Knoblauch und Zwiebeln darin andünsten. Wieder herausheben, noch etwas Öl nachgießen und das Hackfleisch portionsweise anbraten. Mit Salz, Pfeffer und Rosmarin würzen. Zwiebeln, Knoblauch und die Tomaten untermischen. Den Backofen auf 200 Grad (Ober-/ Unterhitze) vorheizen.
Weiteres Olivenöl in einer Pfanne erhitzen. Auberginen darin nach und nach goldbraun anbraten, dabei immer wieder etwas Öl nachgießen. Auf Küchenpapier legen und abtropfen lassen.

Für die Béchamelsoße die Butter in einem Topf zerlassen. Das Mehl darin unter Rühren anschwitzen. Die Milch nach und nach einrühren und einige Minuten köcheln lassen. Den Parmesan unterrühren. Kräftig mit Salz und Pfeffer würzen.

Die Kartoffeln in Scheiben schneiden und abwechselnd mit den Auberginenscheiben und der Hackfleischmasse in eine Auflaufform einschichten. Die Soße darübergießen. Im vorgeheizten Backofen etwa 30 bis 40 Minuten backen.

Sellerie-Kartoffel-Gratin

FÜR 4 PERSONEN

400 g Knollensellerie
400 g mehligkochende Kartoffeln
1 Knoblauchzehe
Salz, Pfeffer
Muskatnuss
2 Schalotten
100 g Speckwürfel
4 Zweige Thymian
300 ml Sahne
150 ml Milch

AUSSERDEM
Butter für die Form

Sellerie und Kartoffeln schälen, waschen und in dünne Scheiben hobeln. Den Backofen auf 180 Grad (Umluft) vorheizen. Die Knoblauchzehe schälen, halbieren und eine Auflaufform damit ausreiben. Danach mit Butter einfetten. Sellerie- und Kartoffelscheiben in der Form verteilen. Kräftig mit Salz, Pfeffer und frisch geriebener Muskatnuss würzen. Schalotten schälen und fein würfeln. Speck in einer Pfanne auslassen. Schalotten zufügen und glasig dünsten. Thymian waschen, trocken schütteln, die Blättchen abzupfen und hacken.

Sahne und Milch verrühren. Schalotten, Speck und Thymian zufügen und über die Sellerie- und die Kartoffelscheiben gießen. Im vorgeheizten Backofen 40 bis 45 Minuten goldbraun backen. Passt gut zu kurz gebratenem Fleisch oder Salat.

Quiche und Pizza

Paprika-Quiche mit Salami

FÜR 1 TARTEFORM (Ø 26 CM)

MÜRBETEIG

200 g Mehl
80 g kalte Butter
1 Ei
5 EL Milch
2 Prisen Salz

BELAG

2 rote Paprika
1 gelbe Paprika
2 Zwiebeln
2 Knoblauchzehen
½ TL Currypulver
Salz, Pfeffer
200 ml Sahne
3 Eier
150 g Emmentaler
Muskatnuss
150 g Salami in Scheiben

AUSSERDEM

Butter für die Form
Öl zum Andünsten

Für den Teig das Mehl mit gewürfelter Butter, Ei, Milch und Salz zügig zu einem glatten Teig verkneten. Die Form einfetten. Den Teig ausrollen, in die Form legen und den Rand hochdrücken. 30 Minuten kalt stellen.

Für den Belag die Paprika waschen, halbieren, entkernen und in etwa 1 cm große Würfel schneiden. Zwiebeln und Knoblauch schälen und fein würfeln. Öl in einer Pfanne erhitzen. Die Paprikawürfel darin bei mittlerer Hitze einige Minuten andünsten. Zwiebeln und Knoblauch zufügen und 2 Minuten mitgaren. Das Gemüse mit Curry, Salz und Pfeffer pikant abschmecken. Den Backofen auf 200 Grad vorheizen. Die Sahne mit den Eiern verquirlen. Den Käse reiben und untermischen. Mit frisch geriebener Muskatnuss, Salz und Pfeffer würzen. Den Teig mehrfach mit einer Gabel einstechen. Gemüse und Salami darauf verteilen und mit der Eiersahne begießen. Die Quiche im vorgeheizten Backofen 40 bis 45 Minuten goldbraun backen.

Petersilienwurzel-Möhren-Quiche

FÜR 1 SPRINGFORM (Ø 26 CM)

TEIG
250 g Mehl
100 g kalte Butter
1 Ei
1 Prise Salz

FÜLLUNG
500 g Petersilienwurzeln
500 g Möhren
2 Zwiebeln
1 Zweig Rosmarin
1–2 EL Sonnenblumenöl
Salz, Pfeffer
150 g Ziegenfrischkäse
100 g Schmand
2 Eier
125 g geriebener Bergkäse
Muskatnuss

AUSSERDEM
Öl zum Anschwitzen

Für den Mürbeteig das Mehl mit Butterstückchen, Ei, Salz und etwas kaltem Wasser rasch zu einem glatten Teig verkneten. 30 Minuten im Kühlschrank ruhen lassen.

Für die Füllung inzwischen Petersilienwurzeln und Möhren putzen, schälen und würfeln. Zwiebeln schälen und fein würfeln. Rosmarin waschen, trocken schütteln, die Nadeln abzupfen und fein hacken. Das Öl in einer Pfanne erhitzen. Gemüse und Zwiebeln darin anschwitzen. Rosmarin zufügen und mit Salz und Pfeffer würzen.

Den Backofen auf 200 Grad (Ober-/Unterhitze) vorheizen. Die Form einfetten. Den Teig ausrollen und in die Form geben, dabei den Rand hochdrücken. Den Teig mit einer Gabel mehrfach einstechen und im Backofen etwa 10 Minuten vorbacken.
Inzwischen den Frischkäse mit Schmand, Eiern und Bergkäse gut verrühren. Mit Salz, Pfeffer und frisch geriebener Muskatnuss würzen. Das Gemüse auf dem Teig verteilen, den Guss darübergeben und 35 bis 40 Minuten knusprig backen.

Kohlrabi-Quiche

FÜR EINE TARTEFORM (Ø 26 CM)

TEIG

200 g Dinkelmehl
80 g kalte Butter
1 Ei
Salz

FÜLLUNG

2 Kohlrabi
Salz
Muskatnuss
1 EL Butter
100 ml Sahne
150 g Crème fraîche
2 Eier
2 Eigelb
je ½ Bund glatte Petersilie und Kerbel
150 g gekochter Schinken

AUSSERDEM

Mehl zum Ausrollen
Butter für die Form

Für den Teig die Butter klein würfeln. Mit den restlichen Zutaten und 5 EL Wasser rasch zu einem glatten Teig verkneten. Auf bemehlter Arbeitsfläche auf Formgröße ausrollen. In eine gefettete Form legen und einen Rand von etwa 3 cm hochdrücken. Mindestens 30 Minuten kühl stellen.

Für die Füllung die Kohlrabi schälen, vierteln und in ½ cm dicke Scheiben schneiden. 250 ml Wasser mit etwas Salz, frisch geriebener Muskatnuss und Butter zum Kochen bringen. Den Kohlrabi 6 bis 8 Minuten darin garen. Abgießen, dabei etwa 50 ml Kohlrabiwasser auffangen und beiseite stellen. Den Backofen auf 200 Grad (Ober-/Unterhitze) vorheizen. Kohlrabiwasser, Sahne, Crème fraîche, Eier und Eigelb glatt rühren. Mit Salz und frisch geriebener Muskatnuss würzen. Kräuter waschen, trocken schütteln, die Blätter abzupfen, fein hacken und unterrühren. Den Teigboden mehrfach mit einer Gabel einstechen. Den Kohlrabi darauf verteilen. Den Schinken klein würfeln und darübergeben. Die Eiermilch gleichmäßig darübergießen. Die Quiche im vorgeheizten Backofen 40 bis 45 Minuten goldbraun backen.

Rosenkohl-Quiche mit Haselnüssen

FÜR 1 QUICHEFORM
(Ø 28 CM)

TEIG
200 g Dinkelmehl
200 g Quark
100 g kalte gewürfelte Butter
1 TL Salz

BELAG
500 g Rosenkohl
Salz
150 ml Sahne
200 g Schmand
100 g geriebener
mittelalter Gouda
2 Eier
1 EL Mehl
Pfeffer
gemahlener Koriander
50 g gehackte Haselnüsse

AUSSERDEM
Butter für die Form

Für den Teig alle Zutaten rasch zu einem glatten Teig verkneten. Abgedeckt im Kühlschrank 30 Minuten ruhen lassen.

Für den Belag den Rosenkohl putzen und den Strunk kreuzweise einschneiden. In kochendem Salzwasser 8 bis 10 Minuten bissfest garen.
Den Backofen auf 200 Grad (Ober-/Unterhitze) vorheizen. Sahne, Schmand, Käse, Eier und Mehl verrühren. Mit Salz, Pfeffer und 1 Prise Koriander kräftig abschmecken. Den Rosenkohl abgießen, kalt abschrecken, halbieren und mit der Soße vermengen. Die Form einfetten. Den Teig ausrollen, in die Form legen und den Rand hochziehen. Die Rosenkohlmasse darauf verteilen. Mit den Nüssen bestreuen und im vorgeheizten Backofen etwa 20 Minuten goldbraun backen.

Flammkuchen mit Grünkohl und Bergkäse

FÜR 2 PERSONEN

TEIG
200 g Mehl
2 EL Sonnenblumenöl
1 TL Salz

BELAG
150 g geputzter Grünkohl
150 g Crème fraîche
Salz, Pfeffer
1 Apfel
100 g Bergkäse
100 g Schinkenspeckwürfel

AUSSERDEM
Mehl zum Ausrollen

Für den Teig alle Zutaten mit 125 ml Wasser zu einem geschmeidigen Teig verkneten. Bei Bedarf noch etwas Mehl zufügen. Den Teig auf einer bemehlten Fläche dünn ausrollen und auf ein mit Backpapier belegtes Backblech legen. Den Backofen auf 200 Grad (Umluft) vorheizen.

Für den Belag den Grünkohl waschen und in kochendem Wasser 2 bis 3 Minuten blanchieren. In ein Sieb abgießen, gut abtropfen lassen, ausdrücken und grob hacken. Crème fraîche mit Salz und Pfeffer würzen. Den Apfel schälen, vierteln, entkernen und fein würfeln. Den Käse grob raspeln. Crème fraîche auf den Teigboden streichen. Grünkohl, Apfel- und Speckwürfel darauf verteilen und mit Käse überstreuen. Im vorgeheizten Backofen 25 bis 30 Minuten goldbraun backen.

Pizzafladen mit Spinat und Schafskäse

FÜR 6–8 STÜCK

TEIG
400 g Mehl
1 Würfel Hefe
1 TL Salz
1 EL Olivenöl
2 EL Naturjoghurt

BELAG
500 g junger Blattspinat
1 Schalotte
Salz, Pfeffer
Muskatnuss
200 g Schafskäse
3 Eier
1 Eigelb
1 EL Milch
1–2 EL Schwarzkümmel

AUSSERDEM
Mehl zum Bearbeiten
Öl zum Anschwitzen

Für den Teig das Mehl in eine Schüssel geben und in die Mitte eine Mulde drücken. Hefe hineinbröckeln und etwa 250 ml lauwarmes Wasser dazugießen. Mit den Fingern vermengen. Salz, Olivenöl und Joghurt dazugeben und alles zu einem glatten Teig verarbeiten. Teig auf einer bemehlten Arbeitsfläche 5 Minuten kräftig mit den Händen durchkneten. In die Schüssel zurückgeben und mit etwas Mehl bestäuben. Abgedeckt etwa 40 Minuten an einem warmen Ort gehen lassen.

Für den Belag den Spinat putzen, waschen und trocken schleudern. Schalotte schälen und fein würfeln. In einer Pfanne in etwas Öl anschwitzen. Spinat etwas klein schneiden und zu den Schalotten geben. Andünsten und mit Salz, Pfeffer und frisch geriebener Muskatnuss würzen. Den Spinat etwas abkühlen lassen. Den Schafkäse in kleine Stücke schneiden. Mit den 3 Eiern unter den Spinat rühren. Den Backofen auf 200 Grad (Ober-/Unterhitze) vorheizen. Den Teig in 6 bis 8 Portionen teilen und zu ovalen Fladen ausrollen. Die Spinat-Schafskäse-Masse jeweils in die Mitte geben, die Ränder etwas nach innen klappen und an den Enden verdrehen. Das Eigelb mit der Milch verquirlen und die Ränder damit bestreichen. Mit Schwarzkümmel bestreuen. Die Fladen auf ein mit Backpapier belegtes Backblech setzen. Im vorgeheizten Backofen in 20 bis 25 Minuten goldbraun backen.

Pizza mit Spinat und Ziegenfrischkäse

FÜR 1 PIZZA

TEIG
125 g Quark (20 %)
5 EL Olivenöl
1 Ei
½ TL Salz
250 g Mehl
½ TL Backpulver

BELAG
600 g Blattspinat (TK)
2 rote Zwiebeln
15 Kirschtomaten
300 g Schmand
Salz, Pfeffer
300 g Ziegenfrischkäse

Für den Teig den Quark in einem feinen Sieb abtropfen lassen oder in einem Tuch auspressen. In einer Schüssel mit dem Öl, Ei und Salz glatt rühren. Das Mehl mit dem Backpulver mischen, zur Quarkmasse geben und zu einem glatten Teig verarbeiten. 30 Minuten kalt stellen. Den Backofen auf 180 Grad (Ober-/Unterhitze) vorheizen.

Für den Belag den Spinat auftauen lassen und gut ausdrücken. Die Zwiebeln schälen und fein hacken. Die Tomaten waschen, trocken tupfen und halbieren. Den Teig ausrollen und auf ein mit Backpapier belegtes Backblech legen. Den Schmand kräftig mit Salz und Pfeffer würzen und auf den Teig streichen. Mit Spinat und Tomaten belegen. Die Zwiebeln darüberstreuen. Den Ziegenkäse in kleinen Portionen auf dem Belag verteilen. Im vorgeheizten Backofen 20 bis 25 Minuten backen. Vor dem Servieren mit Salz und mit frisch gemahlenem Pfeffer würzen.

Lauchkuchen vom Blech

FÜR 1 BACKBLECH

TEIG

300 g Mehl
150 g Magerquark
5 EL Sonnenblumenöl
2–3 EL Milch
1 Ei
½ TL Backpulver
½ TL Salz

BELAG

3 Stangen Lauch (ca. 800 g)
1 rote Zwiebel
1 EL Butter
150 g fein gewürfelter Schinkenspeck
Salz, Pfeffer
je 4 Zweige Majoran und Thymian
2 Eier
200 g Crème fraîche
150 g geriebener Emmentaler
½ TL edelsüßes Paprikapulver

AUSSERDEM

Mehl zum Ausrollen

Für den Teig das Mehl mit Quark, Öl, Milch, Ei, Backpulver und Salz in einer Schüssel rasch zu einem geschmeidigen Teig verkneten. Den Teig im Kühlschrank 1 Stunde ruhen lassen.

Für den Belag den Lauch putzen, längs halbieren, waschen und in dünne Scheiben schneiden. Die Zwiebel schälen, halbieren und in dünne Scheiben schneiden. Die Butter in einer Pfanne zerlassen. Lauch und Zwiebel darin etwa 5 Minuten dünsten. Den Speck unterrühren und einige Minuten braten. Mit Salz und Pfeffer würzen und beiseite stellen. Die Kräuter waschen, trocken schütteln, die Blättchen von den Stielen zupfen und fein hacken. Die Eier mit der Crème fraîche glatt rühren, Emmentaler und Kräuter unterheben. Mit Salz, Pfeffer und Paprikapulver würzen. Den Backofen auf 200 Grad (Ober-/Unterhitze) vorheizen. Den Teig auf etwas Mehl dünn ausrollen und auf ein mit Backpapier belegtes Backblech legen. Mit einer Gabel mehrfach einstechen. Die Lauchmasse darauf verteilen und den Guss darübergeben. Den Lauchkuchen im vorgeheizten Backofen etwa 25 bis 30 Minuten backen.

Wirsingtarte

FÜR 1 TARTEFORM (CA. 20 X 30 CM)

1 kleiner Wirsing
Salz
200 ml Schmand
2 Eier
1 EL körniger Senf
150 g geriebener alter Gouda
Pfeffer
Muskatnuss
1 Rolle frischer Blätterteig

Den Wirsing putzen, vierteln und den Strunk herausschneiden. In feine Streifen schneiden. In siedendem Salzwasser 3 Minuten blanchieren. Abtropfen lassen.
Den Backofen auf 200 Grad (Ober-/Unterhitze) vorheizen.
Den Schmand mit den Eiern, dem Senf und Käse verrühren. Mit Salz, Pfeffer und frisch geriebener Muskatnuss würzen. Den Wirsing unterheben. Die Form mit Backpapier auslegen. Den Blätterteig in die Form legen, dabei den Rand etwas hochziehen und leicht andrücken. Die Wirsingmasse einfüllen. Im vorgeheizten Backofen etwa 40 bis 45 Minuten backen. Warm servieren. Schmeckt gut zu Wein.

Kürbis-Tarte mit Feta

FÜR 1 TARTEFORM (Ø 28 CM)

TEIG
100 g kalte Butter
200 g Mehl
1 Ei
Salz

BELAG
300 g Butternut-Kürbis
1 TL Zitronensaft
Pfeffer
Muskatnuss
200 g Feta
3 EL Paniermehl
Salz
1 Zweig Thymian
2 EL Kürbiskerne

AUSSERDEM
Butter zum Dünsten und für die Form

Für den Teig die Butter würfeln. Mit Mehl, Ei und Salz zu einem glatten Teig verkneten. Etwa 30 Minuten kalt stellen.

Für den Belag den Kürbis schälen, entkernen und klein würfeln. In einem Topf etwas Butter zerlassen und den Kürbis etwa 5 Minuten dünsten. Mit Zitronensaft, Pfeffer und frisch geriebener Muskatnuss würzen.
Die Form einfetten. Den Backofen auf 160 Grad (Umluft) vorheizen. Den Teig ausrollen und hineingeben, den Rand dabei etwa 2 cm hochziehen. Den Feta zerbröseln und mit dem Kürbis und dem Paniermehl mischen. Etwas salzen und auf dem Teig verteilen. Thymian waschen, trocken schütteln, die Blättchen abzupfen und mit den Kürbiskernen auf dem Belag verteilen. Im vorgeheizten Backofen etwa 20 bis 30 Minuten backen. Nach dem Backen die Tarte etwas auskühlen lassen. Dazu schmeckt ein Schmand-Dip mit Kräutern.

Backwerk

Saftiger Kürbiskern-kuchen

FÜR 1 GUGELHUPFFORM (Ø 22 CM)

220 g Kürbiskerne
4 Eier
220 g Zucker
1 Päckchen Vanillezucker
1 Prise Salz
120 ml Rapsöl
30 ml Kürbiskernöl
180 ml Milch
250 g Mehl
3 TL Backpulver
1 Apfel

AUSSERDEM

Butter für die Form
150 g Zartbitterkuvertüre
1–2 EL Kürbiskerne

Die Kürbiskerne in einer Pfanne ohne Fett anrösten. Abkühlen lassen, anschließend mahlen. In einer Schüssel Eier, Zucker, Vanillezucker und Salz cremig aufschlagen. Unter Rühren die beiden Öle und die Milch zulaufen lassen. Mehl, gemahlene Kürbiskerne und Backpulver mischen und kurz unterrühren. Den Apfel schälen, vierteln, entkernen und grob raspeln. Unter den Teig heben. Den Backofen auf 160 Grad (Umluft) vorheizen. Die Form einfetten und den Teig hineingießen. Im vorgeheizten Backofen auf der 2. Schiene von unten etwa 50 Minuten backen (Stäbchenprobe). Auf einem Kuchengitter auskühlen lassen. Die Kuvertüre im heißen Wasserbad schmelzen. Den Kuchen damit überziehen und mit den Kürbiskernen dekorieren.

Gedeckter Apfelkuchen

FÜR 1 BACKBLECH

TEIG
250 g Mehl
250 g kalte Butter
1 EL Zucker
1 Ei

FÜLLUNG
4–5 Äpfel
etwas Zitronensaft

BELAG
40 g Butter
2 EL Zucker

AUSSERDEM
Mehl zum Bestäuben

Für den Teig Mehl, Butterwürfel, Zucker, Ei und 2 EL warmes Wasser rasch zu einem Mürbeteig verkneten. Zugedeckt im Kühlschrank 1 Stunde ruhen lassen.

Für die Füllung inzwischen die Äpfel schälen, vierteln und das Kerngehäuse entfernen. In dünne Spalten schneiden und mit Zitronensaft beträufeln. Den Mürbeteig halbieren. Den Backofen auf 160 Grad vorheizen. Eine Teighälfte auf einer bemehlten Arbeitsfläche dünn ausrollen und auf ein mit Backpapier belegtes Backblech geben. Die Apfelspalten darauf verteilen. Die zweite Teighälfte ebenso dünn ausrollen und über die Äpfel legen. Die Teigränder etwas andrücken.

Für den Belag die Butter in kleinen Flöckchen auf der Teigoberfläche verteilen und mit Zucker bestreuen. Den Apfelkuchen im vorgeheizten Backofen 30 bis 35 Minuten goldbraun backen.

Mandel-kugeln

FÜR ETWA 30 STÜCK

200 g Marzipanrohmasse
80 g Puderzucker
150 g gehäutete und gemahlene Mandeln
40 g Mehl
2 TL Backpulver
1 Eiweiß
2 EL Orangenlikör

AUSSERDEM
Mandelblättchen zum Wälzen

Marzipan grob reiben. Mit den übrigen Zutaten zu einem glatten Teig verarbeiten. Den Backofen auf 175 Grad (Umluft) vorheizen. Mit einem Teelöffel Teig abstechen und zu walnussgroßen Kugeln formen. In Mandelblättchen wälzen. Auf ein mit Backpapier belegtes Backblech setzen und im vorgeheizten Backofen 15 bis 20 Minuten goldgelb backen.

TIPP: Der etwas klebrige Teig lässt sich am besten mit den Knethaken des Handrührgeräts verarbeiten und mit leicht feuchten Händen zu Kugeln formen.

Kleine Florentiner

FÜR ETWA 70 STÜCK

250 ml Sahne
125 g Zucker
1 Päckchen Vanillezucker
Abrieb von
1 unbehandelten Orange
50 g Butter
1 gestrichener TL Zimt
1 gestrichener TL
gemahlener Kardamom
1 Messerspitze gemahlene Nelken
350 g Mandelblättchen
Zartbitterkuvertüre (100 g) nach
Belieben

Die Sahne mit dem Zucker, Vanillezucker und Orangenabrieb unter Rühren zum Kochen bringen. Butter, Zimt, Kardamom und Nelken einrühren. Abkühlen lassen. Dann die Mandeln unterrühren. Den Backofen auf 160 Grad (Umluft) vorheizen. Die Masse portionsweise mit zwei Teelöffeln auf ein mit Backpapier belegtes Backblech setzen, dabei genügend Abstand lassen. Im vorgeheizten Backofen etwa 15 Minuten backen. Mit dem Backpapier vom Backblech ziehen und auskühlen lassen. Nach Belieben die Kuvertüre im heißen Wasserbad schmelzen. Die Florentiner zur Hälfte hineintunken oder umdrehen und die Unterseiten mit Kuvertüre bestreichen. Fest werden lassen.

Birnentarte mit Walnüssen

FÜR 1 TARTEFORM (Ø 28 CM)

MÜRBETEIG
250 g Mehl
125 g kalte Butter
100 g Zucker
1 Ei
1 Prise Salz

BELAG
225 g Walnusskerne
1 kg Birnen
Saft und Abrieb von
1 unbehandelten Zitrone
150 g Crème fraîche
50 g Zucker
2 Messerspitzen Zimt

AUSSERDEM
Butter für die Form
Mehl zum Bearbeiten
2 EL Birnen-, Quitten- oder Apfelgelee

Für den Teig die Butter würfeln. Alle Zutaten zu einem Teig verkneten. 30 Minuten im Kühlschrank ruhen lassen.

Für den Belag die Walnüsse in einer Pfanne ohne Fett anrösten, abkühlen lassen. Einige beiseite legen, den Rest grob hacken. Die Birnen schälen, vierteln, entkernen und in dünne Spalten schneiden. In einer Schüssel mit dem Zitronensaft vermengen. Crème fraîche mit Zitronenabrieb, Zucker und Zimt verrühren. Die gehackten Walnüsse unterrühren. Den Backofen auf 200 Grad (Ober-/Unterhitze) vorheizen. Die Form einfetten. Den Teig auf leicht bemehlter Arbeitsfläche ausrollen und die Form damit auskleiden. Den Boden mehrmals mit einer Gabel einstechen. Die Walnussmasse gleichmäßig darauf verteilen. Die Birnenspalten fächerförmig auf der Tarte verteilen und leicht andrücken.
Im vorgeheizten Backofen etwa 40 bis 45 Minuten backen. Die letzten 20 Minuten abdecken. Gelee mit etwas Wasser glatt rühren und auf die noch heiße Tarte streichen. Die restlichen Walnüsse auf die Mitte der Tarte legen.

Pfefferkuchen

200 g flüssiger Honig
250 g Zucker
2 TL gemahlener Zimt
2 TL gemahlene Nelken
1 TL gemahlener Ingwer
1 TL gemahlener Kardamom
250 g kalte Butter
750 g Weizenmehl
1 Ei
2 gestrichene TL Backpulver

Honig, Zucker und Gewürze in einem Topf unter Rühren vorsichtig erhitzen, bis sich der Zucker aufgelöst hat. Die Hitze reduzieren und die Mischung für etwa 5 Minuten leicht köcheln lassen. Anschließend die Butter hinzufügen und rühren, bis sich eine glatte Masse ergibt. Alles auf Raumtemperatur herunterkühlen lassen. Nun die Hälfte des Mehls, das Ei und 3 EL Wasser hinzufügen. Backpulver mit dem restlichen Mehl vermengen, zu der Mischung geben und alles zu einem glatten Teig verkneten. Abdecken und über Nacht in den Kühlschrank stellen. Am nächsten Tag den Teig ausrollen, Motive ausstechen und die Pfefferkuchen im vorgeheizten Backofen bei 200 Grad etwa 5 bis 10 Minuten backen.

TIPP: Der Teig lässt sich gut portionsweise einfrieren und bei Bedarf auftauen und backen.

Teig nach Rezept zubereiten und für eine Nacht in den Kühlschrank stellen. Danach in vier Portionen aufteilen und diese jeweils nacheinander auf einer bemehlten Arbeitsfläche etwa 3 mm dick ausrollen. Die verbleibenden Portionen so lange im Kühlschrank lassen. Die Motive ausstechen und dabei möglichst wenig Platz dazwischen lassen.

Mithilfe eines Strohhalms werden die Löcher zum Aufhängen in die Motive gedrückt. Dabei sollte man beachten, dass der Teig beim Backen noch aufgeht und sich die Löcher verkleinern.
Alle Motive auf ein Backblech legen und für etwa 5–10 Minuten im vorgeheizten Ofen backen. Sobald die Ecken der Pfefferkuchen dunkelbraun werden, sollte man sie herausnehmen – wenn die Pfefferkuchen bereits intensiv duften, könnte es zu spät sein.

Pfefferkuchen auf dem Blech auskühlen lassen. Danach können sie entweder einzeln oder zu einer Girlande aufgefädelt werden, um sie an das Baumgestell, ein Fenster oder an den Weihnachtsbaum zu hängen.

Süßes

Apfelkrapfen

FÜR ETWA 25 STÜCK

500 g Weizenmehl (Type 550)
etwa 350 ml lauwarme Milch
2 EL Zucker
30 g frische Hefe
1 Prise Salz
Abrieb von 1 unbehandelten Zitrone
3 Eier
1–2 EL Quark
800 g Äpfel (z. B. Boskop)

AUSSERDEM

3 Liter Sonnenblumen- oder Rapsöl zum Frittieren
Zimtzucker zum Wälzen

Für den Teig das Mehl in eine Schüssel geben. Mittig eine Mulde formen, darin Zucker und die zerbröckelte Hefe mit etwas von der lauwarmen Milch auflösen und mit wenig Mehl verrühren. Abgedeckt 15 Minuten ruhen lassen. Salz, Zitronenabrieb, Eier, Quark und restliche Milch zugeben und zu einem geschmeidigen Teig verarbeiten. Mit Mehl bestäuben und abgedeckt an einem warmen Ort 45 Minuten gehen lassen. Äpfel schälen, vierteln, entkernen und würfeln. Unter den Teig heben und weitere 15 Minuten gehen lassen.

Zum Frittieren das Öl in einen großen Topf geben und auf 170 Grad erhitzen. Mit einem großen Metalllöffel eine Portion Teig abstechen und ins heiße Fett gleiten lassen. Der recht klebrige Teig löst sich leichter, wenn man den Löffel vor der Teigentnahme ins heiße Fett taucht. Nicht mehr als 5 bis 6 Krapfen gleichzeitig ausbacken. Nach etwa 3 Minuten wenden. Die goldbraunen Krapfen mit einer Schaumkelle herausnehmen und auf Küchenpapier entfetten. Etwas abkühlen lassen. In Zimtzucker wälzen und noch warm servieren.

TIPP: Krapfen schmecken frisch am besten. Allerdings kann man den Teig abgedeckt über Nacht in den Kühlschrank stellen und am nächsten Tag ausbacken.

Kirschauflauf mit Haferflocken

FÜR 4 PERSONEN

200 g kernige Haferflocken
1 Glas Sauerkirschen (680 g)
3 Eier
100 g Butter
75 g Zucker
1 Päckchen Vanillezucker
¼ TL Zimt
250 g Quark (20 %)
250 ml Milch

AUSSERDEM

Butter für die Form

Sauerkirschen in einem Sieb gut abtropfen lassen. Die Eier trennen. Eigelb mit Butter und Zucker schaumig rühren. Vanillezucker, Zimt, Quark, Haferflocken und Milch zufügen und gut durchrühren. Den Backofen auf 200 Grad (Ober-/Unterhitze) vorheizen. Eiweiß steif schlagen und mit den abgetropften Sauerkirschen portionsweise unter die Masse heben. Eine Auflaufform mit Butter einfetten und die Kirschmasse einfüllen. Im vorgeheizten Backofen etwa 30 bis 40 Minuten backen. Den Auflauf noch warm servieren. Dazu schmeckt Vanillesoße.

Bananenbrot mit Datteln und Feigen

FÜR 1 KASTENFORM (CA. 25 CM)

250 g Mehl
1 TL Backpulver
1 Prise Salz
120 g getrocknete Datteln (ohne Stein)
100 g getrocknete Feigen
300 g sehr reife Bananen
120 g weiche Butter
50 g brauner Zucker
2 Eier
2–3 EL Mandelstifte

AUSSERDEM

Butter für die Form
Puderzucker zum Bestäuben

In einer Schüssel Mehl, Backpulver und Salz mischen. 2 Datteln fein hacken und beiseite stellen. Die restlichen Datteln und Feigen klein würfeln und unterrühren. Die Bananen schälen und mit einer Gabel zerdrücken. Butter und Zucker cremig rühren. Die Eier nacheinander unterrühren. Das Bananenmus unterheben. Die Masse unter die Mehlmischung rühren. Den Backofen auf 180 Grad (Ober-/Unterhitze) vorheizen. Eine Kastenform einfetten und den Teig einfüllen. Mit den Mandelstiften und den gehackten Datteln bestreuen. Im vorgeheizten Backofen etwa 50 bis 60 Minuten backen (Stäbchenprobe). Abkühlen lassen. Mit Puderzucker bestäuben.

Vanille-soufflé

FÜR 6 PORTIONEN

½ Vanilleschote
250 ml Milch
50 g Butter
50 g Mehl
5 Eier
70 g Zucker

AUSSERDEM
Butter und Zucker für die Formen
Puderzucker zum Bestreuen

Die Vanilleschote aufschneiden und das Mark herauskratzen. Die Milch zusammen mit Vanilleschote und -mark aufkochen. Vom Herd nehmen und auskühlen lassen. Die Schote entnehmen. Die Butter in einem Topf zerlassen. Erst das Mehl, dann die Milch einrühren. Beiseite stellen. 6 Souffléformen einfetten und mit etwas Zucker ausstreuen. Den Backofen auf 160 Grad (Ober-/Unterhitze) vorheizen.

Die Eier trennen. Das Eigelb mit der Hälfte des Zuckers aufschlagen. Nach und nach die Mehl-Milch-Mischung unterrühren. Das Eiweiß mit dem restlichen Zucker steif schlagen und vorsichtig unter die restliche Masse heben. In die Formen füllen und in ein tiefes Backblech stellen. Das Blech mit etwas heißem Wasser auffüllen. Im vorgeheizten Backofen etwa 40 Minuten garen. Mit Puderzucker bestreut sofort servieren.

Münsterländer Struwen

FÜR ETWA 24 STÜCK

500 g Weizenmehl
130 g Rosinen
380 ml Milch
1 Würfel Hefe
50 g Zucker
1 Prise Salz
30 g weiche Butter
3 Eier

AUSSERDEM
Öl zum Ausbacken
Zimtzucker oder Puderzucker zum Bestreuen

Das Mehl in eine große Schüssel geben. Die Rosinen 15 Minuten in lauwarmem Wasser einweichen. Die Milch lauwarm erwärmen. Die Hefe hineinbröckeln und darin auflösen. Hefemilch, Zucker, Salz, Butter und Eier zum Mehl geben. Mit den Knethaken des Handrührgeräts 5 Minuten zu einem dickflüssigen Teig verarbeiten. Die Rosinen in ein Sieb abgießen und unterrühren. Den Teig abgedeckt 1 Stunde an einem warmen Ort gehen lassen. In einer Pfanne reichlich Öl erhitzen und die Struwen portionsweise darin ausbacken. Dafür pro Struwen etwa 1 gehäuften EL Teig in die Pfanne geben und von beiden Seiten je 3 Minuten goldbraun backen. Die fertigen Struwen warm halten, bis alle Küchlein ausgebacken sind. Mit Zimtzucker oder Puderzucker bestreut servieren.
Dazu passt Apfelmus.

Grieß-flammeri mit Zwetschgen-kompott

FÜR 4 PERSONEN

FLAMMERI
500 ml Milch
75 g Grieß
2 Eier
50 g Zucker
1 EL Orangensaft
Abrieb von 1 unbehandelten Orange
1 Prise Salz

KOMPOTT
300 g Zwetschgen
80 g Zucker
100 ml Orangensaft
50 ml Portwein

AUSSERDEM
etwas Zucker zum Bestreuen
2 EL Mandelblättchen

Für den Flammeri die Milch aufkochen lassen. Vom Herd nehmen, den Grieß einstreuen und etwa 5 Minuten unter Rühren ausquellen lassen. Die Eier trennen. Eigelb, Zucker, Orangensaft und -abrieb unter den Grieß rühren. Das Eiweiß mit dem Salz steif schlagen und unter den noch heißen Grieß heben. Erneut aufkochen lassen. Sofort in kalt ausgespülte Schälchen füllen. Dünn mit Zucker bestreuen, damit sich keine Haut bildet. Mindestens 2 Stunden kalt stellen.

Für das Kompott die Zwetschgen waschen, halbieren und entsteinen. Den Zucker in einem Topf goldgelb karamellisieren lassen. Mit dem Saft und Portwein ablöschen und einige Minuten köcheln lassen, bis sich der Zucker aufgelöst hat. Die Zwetschgen zufügen und im geschlossenen Topf 5 bis 8 Minuten köcheln. Abkühlen lassen. Die Mandeln in einer Pfanne ohne Fett goldbraun rösten. Den Flammeri vom Förmchenrand lösen und auf einen Teller stürzen. Mit Zwetschgenkompott anrichten und mit Mandelblättchen bestreuen.

Gefüllte Buchteln

FÜR ETWA 18 STÜCK

TEIG
500 g Mehl
30 g frische Hefe
100 ml Milch
80 g Zucker
80 g weiche Butter
1 Ei
1 Eigelb
Abrieb von 1 unbehandelten Zitrone
1 Prise Salz

FÜLLUNG
ca. 220 g Pflaumenmus

VANILLESOSSE
1 Vanilleschote
250 ml Milch
250 ml Sahne
6 Eigelb
80 g Puderzucker

AUSSERDEM
Mehl zum Bearbeiten
Butter für die Form
ca. 70 g Butter zum Eintunken
Puderzucker zum Bestäuben

Für den Teig das Mehl in eine Schüssel geben. Eine Mulde hineindrücken und die Hefe hineinbröckeln. Die Milch mit etwas vom Zucker leicht erwärmen, über die Hefe gießen. Mit etwas Mehl bestäuben. Abgedeckt etwa 30 Minuten an einem warmen Ort gehen lassen. Dann die restlichen Zutaten zufügen. Mit den Knethaken des Handrührers so lange rühren, bis sich der Teig vom Schüsselrand löst. Nochmals abgedeckt etwa 30 Minuten gehen lassen. Eine ofenfeste Form (ca. 20 x 30 cm) einfetten. Etwa 70 g Butter in einem kleinen Topf erwärmen, bis sie flüssig ist. Die Arbeitsfläche bemehlen. Den Teig zu zwei Rollen formen. In 18 gleich große Scheiben schneiden. Mit der Hand zu Fladen flachdrücken. Jeweils 1 TL Pflaumenmus daraufgeben. Das Mus so mit dem Teig umschließen, dass kleine Pakete entstehen. Die Kugeln einzeln in die flüssige Butter tunken und mit der Teignaht nach unten dicht an dicht in die Form setzen. Nochmals 15 Minuten an einem warmen Ort gehen lassen.
Den Backofen auf 180 Grad vorheizen. Die Buchteln etwa 35 bis 40 Minuten backen. Etwas abkühlen lassen und mit Puderzucker bestäubt servieren.

Für die Vanillesoße die Vanilleschote längs aufschlitzen, das Mark herauskratzen. Milch und Sahne in einen Topf gießen. Vanilleschote und -mark darin aufkochen. Etwas ziehen lassen, dann die Schote entnehmen. Das Eigelb mit dem Puderzucker cremig aufschlagen. Die Vanillemilch unter Rühren langsam zugießen. In den Topf zurückgeben. So lange unter ständigem Rühren im heißen Wasserbad erhitzen, bis die Masse cremig-dicklich ist. Eventuell durch ein feines Sieb streichen.

Heiße Getränke

Weiße Kokosschokolade

FÜR 4 BIS 6 GLÄSER

750 ml Milch
100 g weiße Kuvertüre
400 ml Kokosmilch

AUSSERDEM
200 ml Sahne
Kokos- und Schokoraspel zum Bestreuen

Die Milch erhitzen. Die Kuvertüre grob hacken und darin auflösen. Die Kokosmilch einrühren und erhitzen. Die Sahne steif schlagen. Die heiße Schokolade in Tassen füllen und mit Sahnehäubchen und Kokos- und Schokoladenraspeln bestreut servieren.

Marzipan-Milchkaffee

FÜR 4 GLÄSER

50 g Marzipanrohmasse
700 ml Milch
Tonkabohne
4 frisch gekochte Espressos

AUSSERDEM
200 ml Milch

Das Marzipan reiben. Mit der Milch und etwas frisch geriebener Tonkabohne in einen Topf geben und erhitzen. Mit einem Schneebesen rühren, bis sich das Marzipan aufgelöst hat. Währenddessen den Espresso kochen. Die Marzipanmilch auf die Gläser verteilen und mit Espresso aufgießen. Die Milch erhitzen, nicht aufkochen. Aufschäumen und auf die Gläser verteilen.

Kirsch-Glühwein

FÜR 4 GLÄSER

500 ml Kirschsaft
500 ml Rotwein
1 unbehandelte Zitrone
½ Vanilleschote
80 g Zucker
4 Nelken

AUSSERDEM
4 EL Sauerkirschen (aus dem Glas)

Die Zitrone waschen und achteln. Die Vanilleschote längs halbieren und das Mark herauskratzen. Mark und Schote mit allen Zutaten in einem Topf erhitzen. 15 Minuten bei geringer Hitze ziehen lassen. Die Schote und die Nelken entnehmen. Je 1 EL Kirschen und 1 Stück Zitrone in die Gläser geben. Mit dem heißen Glühwein auffüllen.

Weißer Glühwein

FÜR 4 BIS 6 GLÄSER

1 l Weißwein
120 ml frisch gepresster Orangensaft
½ Vanilleschote
1 Sternanis
1 Zimtstange
¼ TL geriebene Tonkabohne
5 EL Honig

AUSSERDEM

2–3 EL Rosinen oder getrocknete Cranberrys

Die Vanilleschote längs halbieren, das Mark herauskratzen. Mark und Schote mit dem Saft, den Gewürzen und dem Honig erhitzen. 15 Minuten bei geringer Hitze ziehen lassen. Durch ein feines Sieb abgießen. In einem Topf mit dem Wein kurz erhitzen. Rosinen oder Cranberrys auf die Gläser verteilen und mit heißem Glühwein aufgießen.

Apfel-Glühwein mit kandierten Orangenzesten

FÜR 4 GLÄSER

GLÜHWEIN
500 ml naturtrüber Apfelsaft
500 ml Weißwein
6 EL Honig
1 Stück Ingwer (ca. 2 cm)
1 kleiner Apfel
2 TL Zitronensaft

ORANGENZESTEN
1 unbehandelte Orange
50 g Zucker

Für die Zesten die Orange waschen und dünn schälen, ohne die weiße Innenhaut abzuschälen. Die Schale in feine Streifen schneiden. Alternativ einen Zestenreißer verwenden. Die Zesten in einen kleinen Topf geben und mit wenig Wasser 15 Minuten köcheln lassen. Das Wasser abgießen. Erneut mit 125 ml Wasser und dem Zucker aufsetzen und 30 Minuten köcheln lassen, bis die Flüssigkeit sirupartig ist. Die Zesten durch ein feines Sieb abgießen. Auf einem Teller ausbreiten und etwas antrocknen lassen.

Für den Glühwein den Saft der Orange auspressen. Mit dem Apfelsaft, Wein und Honig in einen Topf geben. Den Ingwer schälen und fein würfeln. Hinzugeben und erhitzen, nicht aufkochen. 10 Minuten bei geringer Hitze ziehen lassen. Den Apfel waschen, vierteln, entkernen und in dünne Spalten schneiden. Mit Zitronensaft beträufeln. Den Glühwein durch ein Sieb gießen. In Gläser füllen und die Apfelstücke und Orangenzesten darauf verteilen.

REZEPTREGISTER

Suppen und Eintöpfe

Brot und Brötchen

Aus Topf und Pfanne

Aus dem Ofen

Gratins und Aufläufe

Quiche und Pizza

Backwerk

Süßes

Heiße Getränke

IMPRESSUM

Landlust® ist eine Marke der Deutschen Medien-Manufaktur GmbH & Co. KG, Münster

3. Auflage, Münster 2024

Projektleitung Alexandra Carsten, Melanie Trieloff (BRANDS – Licensing by G+J)
Layout Esther Gonstalla **Schlussredaktion** Uta Kleimann

Chefredaktion Sinja Schütte **Redaktion** Tanja Huyer, Lena Pfannschmidt
Bildredaktion Katrin Fülle **Assistenz** Dominika Schriever

Publishing Frank Gloystein (Ltg.), Ulrike Soltau, Cornelia Altrock

Herstellung LV MediaPro im Landwirtschaftsverlag GmbH, Anja Luszek-Hoffmann (Ltg.), Ingo Feyka
Litho Mohn Media Mohndruck GmbH, Gütersloh **Druck** aprinta druck GmbH, Wemding

Fotos Heinz Duttmann, mit folgenden Ausnahmen: Vanessa Jansen (2, 3r, 19, 26, 44, 50, 52–53, 70, 72r, 73, 76–77, 83, 85, 90r, 91, 100–101, 107, 109–110, 116–117, 120l, 121, 127–129), Winfried Heinze (U1ul, U4ul/ur, 4r, 5–11, 13, 18r, 27, 28l, 31, 34–35, 46–49, 51, 55–56, 58–59, 68–69, 80–81, 86–89, 94–95, 102–103, 114–115, 124–125, 130–131, 134–136, 138–139), © whitestorm – stock.adobe.com (12), © azurita – stock.adobe.com (15), © ExQuisine – stock.adobe.com (37), © Dionisvera – stock.adobe.com (42), Elisabeth Berkau (43, 126), © Vladimir – stock.adobe.com (51), © TwilightArtPictures – stock.adobe.com (78), Andrea Schneider (84), © eyecat – stock.adobe.com (106), Martii Leppä (108r, 118-119), © CUKMEN – stock.adobe.com (137)

Printed in Germany. ISBN 978-3-7843-5727-0

Ihr Kontakt zur Redaktion:
Redaktion Landlust, Hülsebrockstraße 2–8, 48165 Münster, redaktion@landlust.de
www.landlust.de

FSC
www.fsc.org
MIX
Papier | Fördert gute Waldnutzung
FSC® C004592